和秋叶一起学

企业公文写作

秋叶◎主编 庞金玲◎编著

人民邮电出版社

北京

图书在版编目（CIP）数据

和秋叶一起学企业公文写作 / 秋叶主编；庞金玲编著. -- 北京：人民邮电出版社，2021.8
ISBN 978-7-115-56526-6

Ⅰ. ①和… Ⅱ. ①秋… ②庞… Ⅲ. ①企业－公文－写作 Ⅳ. ①H152.3

中国版本图书馆CIP数据核字(2021)第088847号

内 容 提 要

本书从企业公文拟写者和初学者的学习需求出发，摒弃大量枯燥的理论，立足于企业公文写作的实战应用，力求实现让读者快速找到需要的公文种类与写法，一看就懂，一学就会，轻松写出领导认可、同事满意的公文。

本书分为两部分。第一部分为基础篇，概括了企业公文的概念、用语规范及排版要求、基础拟写与制发要求、写作技巧与素养提升等内容，简明定义，直指要点，格式标准，一看就懂，使公文写作初学者轻松上手。第二部分为实战应用篇，概括了不同种类的企业公文写作方法，全面覆盖32种企业公文，给出了对应的范式、格式、模板和范文，力求让本书成为全新的企业公文写作实操指南，让读者通过一本书掌握企业公文写作的实用技巧。

本书可作为企业行政、文秘、人事等文字工作者及其他工作人员公文写作的案头工具书，也可作为企业内部培训教材，还可作为高校相关专业学生的参考用书。

◆ 主　编　秋　叶
　　编　著　庞金玲
　　责任编辑　贾鸿飞
　　责任印制　王　郁　彭志环
◆ 人民邮电出版社出版发行　　北京市丰台区成寿寺路 11 号
　　邮编　100164　　电子邮件　315@ptpress.com.cn
　　网址　https://www.ptpress.com.cn
　　北京联兴盛业印刷股份有限公司印刷
◆ 开本：700×1000　1/16
　　印张：18.5
　　字数：247 千字　　　　　　　　2021 年 8 月第 1 版
　　印数：1 –5 000 册　　　　　　　2021 年 8 月北京第 1 次印刷

定价：79.90 元

读者服务热线：(010)81055410　印装质量热线：(010)81055316
反盗版热线：(010)81055315
广告经营许可证：京东市监广登字 20170147 号

人人都是公文写作者

如今，企业公文写作不再局限于大众熟知的秘书、行政人员、人力资源专员等。人人都需要写公文，人人都是公文写作者。

很多人听说这个观点，可能会不屑一顾，嗤之以鼻。

程序员会说，我的工作就是码代码，与公文写作毫无关联。

销售员会说，我的工作就是卖产品、卖服务，不需要这些没用的。

管理者会说，我好不容易才成为领导，还要做这些小事吗？

…………

听起来确实很有道理，但只要认真思考一下，你会发现在工作中常常会遇到与"文字"有关的如下这些烦恼。

月末或年终时，面对领导要求写的工作总结或述职报告，不知道如何下笔。

找工作时不知道如何写简历，才能被企业从茫茫人海中"慧眼识珠"。

试用期结束，不知道如何写转正答辩材料，才能顺利拿到 offer。

与客户建立合作关系时高兴得手舞足蹈，一到写合作意向书或计划书时就抓耳挠腮。

与客户沟通时，不知道如何编写微信信息才能促成交易。

…………

这些场景中的工作总结、述职报告、简历、转正答辩材料、合作意向书、计划书等，甚至与客户沟通的微信信息，都属于企业公文的范畴。而这些是每一位职场人士都需要掌握的。即使你是一位管理者，可以把你的工作总结、述职报告等交给你的秘书或助理完成，但你至少要审阅他写的内容是否准确、格式是否正确等，要不然很可能会贻笑大方。

企业里一切与文字有联系的内容，最终几乎都可以以各种公文的形式表达出来。南朝梁代刘勰称公文为"经国之枢机"，其重要性可见一斑。在企业里，人人都是公文写作者，人人都需要提高自己的公文写作能力。

2020年我在网上看到有人发表类似"干得累死累活，有业绩又如何，有技术又如何，到头来干不过写公文的"的观点，有人附和，也有人反驳。我就这个问题与我在华为工作时的领导讨论，领导给我的回复是：既然你都能把业绩做好、把技术做好，为什么不能花一点点时间把公文写好？

工作要做好，公文也要写好，会写公文与会用Excel、Word、PPT一样，是每一位职场人士的必备技能之一。在职场，既要做到会做，也要做到会"说"。

优秀的公文写作能力，能够让你很快地崭露头角。你的领导不一定阅人无数，但一定阅"文"无数。从一篇好的公文（包括工作总结、周报等），可以看出一个人的思维方式、领悟能力、分析能力、学习能力和工作态度。所以，提升公文写作能力不仅是工作的需要，也是自身职业发展的需要。

实干才是硬道理。本书从企业公文拟写者和写作初学者的学习需求出发，摒弃大量枯燥的理论，立足于企业公文写作的实战应用，力求实现让读者快速找到需要的公文体裁与写作方法，一看就懂，一学就会，写出领导认可、同事满意的公文。

本书的风格与特色

第一，这是一本让读者读完就能立刻上手的书。

在编写本书的过程中，每写完一章，我就会让团队里的同事阅读，然后写这章所介绍的公文种类，如果他们能立刻写出合格的公文，那么说明此章内容通俗易懂，读完可立刻上手操作。否则说明内容还需要再调整、优化。在反复的打磨与优化中，才有了读者现在看到的内容。

本书内容对工作中常用的企业公文类型的具体格式、写法进行了详细说明，并采用配图、配表的表达形式，让读者一看就懂、一学就会，能参照相应写法和写作范例，快速写出一篇优秀的企业公文。

需要特别说明的是，书中关于"格式范本"的样式，都通过在文本后加注学号字体的方式进行了说明，并提供模板下载。

第二，这本书就是一幅画，对着它，我讲述自己工作和生活中的故事。

在写完本书后，出版社让我分析本书的核心竞争力，我立刻陈述了本书内容与市场上已有的"企业公文写作"图书的异同。

如今，市场上有很多关于"公文写作"的图书，经粗略统计，大约80%是关于"党政机关公文写作"的，20%是"企业公文写作"的。党政机关公文写作与企业公文写作有相同之处，也有不同之处（具体的区别在本书中会一一说明，这里不赘述）。在关于企业公文写作的图书里，约有60%的内容相似。我们看到的不少关于"企业公文写作"的图书，同时注重工作经验介绍、写作基础讲解与实际应用的感觉并不算多。

在这本书里，你不会看到许多与其他图书相似的理论，因为那些内容在网上搜索一下即能查到，我只是给出简明扼要的知识点，如果你非要弄清楚关于公文的所有理论，可以自行钻研。在本书中，你看到的是公文的写作要点、写作格式以及我多年的写作经历。相信这些经历可以帮你少踩坑、少走弯路。

所以，这本书更适合一个公文写作新手阅读——在书中，你或许可以看到自己的故事。

致谢

感谢华为。华为的奋斗者文化是这本书诞生的土壤。在华为做秘书工作的几年里，我从一名写作"小白"成长为一名会写作的人，工作中的体会、方法、思考为这本书提供了丰富的素材。我能成为一名职业撰稿人，也是源于在华为工作时形成的工作方法和工作观。

特别感谢一些"没有他们就没有这本书"的人。

感谢秋叶老师。在2020年我与秋叶老师初识，并成为合作者。他是前辈，亦是良师，为我这本书花费了很多精力和时间，写作完成后，秋叶老师帮我修改了很多生涩的文字，使这本书更易阅读、更有价值。

感谢所有与我交流过的同行，名字我没法一一列出，与他们的每一次交流、沟通，都促使书里的内容朝着我想象中的样子靠近。

本书既是企业公文写作手册，也是企业公文写作工具书，更是关于企业公文写作的成长的心路历程。由于企业中存在的公文类型多种多样，而本书篇幅有限，未能将公文的所有写法详尽写出，望读者能根据企业公文的基础写法迁思回虑，融会贯通。公文写作高手的标志之一就是心中藏满青山水，笔下长流碧玉泉。

与君共勉。

目录 CONTENTS

第一部分 基础篇
企业公文写作基础知识

第 1 章　重新认识企业公文

第2章　**企业公文基础拟写**

第二部分　实战应用篇
企业公文的写作方法与范例学习

第3章　企业行政性公文的写作方法与范例

第 4 章　企业讲话类公文的写作方法与范例

第5章　企业事务性公文的写作方法与范例

第6章　企业公关礼仪类公文的写作方法与范例

第7章　企业日常规章制度类公文的写作方法与范例

第一部分

基础篇
企业公文写作基础知识

第1章　重新认识企业公文

第2章　企业公文基础拟写

第1章

重新认识企业公文

亚里士多德说过，人类所需要的知识有三：理论、实用、鉴别。他将理论放在第一位，正是因为理论对于实践具有重要的指导意义。在开始公文写作之前，了解企业公文的相关概念，重新认识企业公文，才能更好地"戴着脚镣"跳好企业公文这支"华尔兹"。

1.1

什么是企业公文

我的父亲曾在政府单位从事公文写作工作十余年，在党政机关公文写作上颇有建树。大学毕业后，我进入华为公司做秘书，上班的第一年，领导让我写一篇《××年上半年部门工作总结》。为了得到领导和同事的肯定，我向父亲求助。在父亲的指点下，我迅速完成了写作。父亲非常自信地告诉我："你的这篇'部门工作总结'肯定能得到领导的夸奖。"

事与愿违，第二天领导把我叫到办公室，说我的"部门工作总结"太注重形式上的规范，没有准确、有效地传达出部门××年上半年的工作信息，要求我重写。

这是我第一次知道企业公文与党政机关公文是有区别的，把党政机关公文写作的那一套照搬到企业公文写作上是行不通的。

"源清流洁，本盛末荣。"[①]要想写好企业公文，首先要从本质上弄清楚什么是企业公文，以及企业公文写作与党政机关公文写作的区别。

1.1.1 企业公文的含义

企业公文从公文中衍生而来，了解企业公文，首先要先了解什么是公文。

| 1 | 公文的定义

公文是一种古老的文体，主要指官方公务文书，根据行文对象的不同，有状、呈、檄、札、咨等文种。随着时代的发展，公文被赋予更多含义，不再特指官方公务文书，只要是依法建立的组织，都有权利拟定公文。

---

① 出自班固的《泗水亭碑铭》，这里用来形容深入探讨之前，必须先厘清最基本的概念，这样才能从根源上避免被纷乱琐细的表面现象所困扰。

因此，公文就有了广义和狭义之分。

狭义上的公文主要指党政机关公文，这类公文是国家机关在行政管理过程中为处理公务而按规定格式制作的书面材料。

广义的公文，除了党政机关公文之外，还包括社会团体、企事业单位等各种法定组织在处理公务过程中形成并使用的文字材料。广义的公文涵盖的范围非常广，种类繁多，包括工作总结、产品介绍、计划、规章制度、调查报告、简报、专用书信、讲话稿、讣告等。

通俗地理解，凡是由依法建立的组织制发的相应文字材料，都可以被称为公文。

| 2 | 企业公文的含义

以上描述的公文的定义是"官方"的定义，也就是说，你可以在市场上很多同类书中或互联网上看到，但应用到企业公文写作的实践中并不算实用。因为在企业里大多讲究效率，领导不会说：××，你把企业公文的定义背诵或者默写出来。

不过，作为职场人士，我们还是要大体了解一下企业公文的"官方"定义，做到了然于胸，运用自如。

事实上，在真正的企业实践中，"企业公文"的定义没有统一的规定，完全由企业自主决定。

企业进行经营管理的正式沟通方式主要有两种：一是制发文件，指导、商询或汇报工作；二是召开会议，讨论、决定工作事项。第一种方式是直接的书面沟通，企业内部人员以书面形式进行交流。第二种方式属于语言沟通，但会议中的内容通常也会以文字形式记录、保存下来。这些书面、文字形式的沟通方式，都可以被视为企业公文。

1.1.2　企业公文与党政机关公文的四大区别

我的"部门工作总结"之所以被领导要求重写，是因为我是按照党政机关公文的写作要求拟写的。企业公文与党政机关公文虽然在本质上是一样的，但因为企业与党政机关单位性质不同，所以公文写作也有所区别。了解企业公文与党政机关公文的不同特质，对掌握企业公文的写作大有裨益。

┃1┃公文的类型差异

党政机关公文主要分为 15 类，而企业公文则远远不止 15 类，它包括行政性公文、讲话类公文、事务性公文、公关礼仪性公文和规章制度类公文等多种文种，涵盖企业工作的方方面面，企业人员在进行企业公文写作时有更多的选择。

┃2┃公文的权威性差异

党政机关公文是党政机关实施领导、履行职能、处理公务的具有特定效力和规范体式的文书，是传达贯彻党和国家的方针政策，公布法规和规章，指导、布置和商洽工作，请示和答复问题，报告、通报和交流情况等的重要工具。党政机关公文具有权威性，有些公文的内容还具有强制性。

企业制发的公文也具有权威性，但这种权威性较弱，依靠组织内部的制度和相关政策施行，一般只在企业内部起作用。

┃3┃公文的目的性差异

企业是经营性的经济组织，其主要目的是获取利润。企业公文虽然主要用于行政管理和经营，但归根结底还是为了创造经济效益。因此，企业公文在制发过程中要力求公文内容在遵守国家法律法规的前提下，合乎行政管理和经济工作的原理、规律，并且要求办理及时，令行禁止，不拖延误事。

而党政机关公文是党政机关用来实施领导、履行职能和处理公务的，其发布不以获取经济效益为目的。

┃4┃公文的规范性差异

党政机关公文具有严格的规范性，党政机关公文的种类选择、写作格式、行文规则、拟制、办理、管理都有严格的要求，公文写作人员要按照《党政机关公文处理工作条例》的规定制发公文。

企业公文由于只在企业内部或企业对外交流时适用，并不需要像党政机关公文一样严谨，因此具备一定的灵活性，写作时可以根据企业实际情况对程序、格式等进行改动，只要能够准确无误地传达信息即可。

根据上述特征，我总结了企业公文与党政机关公文的差异，见表1-1。

表1-1 企业公文与党政机关公文的差异

差异事项	企业公文的特点	党政机关公文的特点
类型	远远不止15类	15类
权威性	只在企业内部具有一定权威性	法律赋予的较强的权威性
目的性	以营利为目的	实施领导、履行职能、处理公务
规范性	根据企业自身情况而定，没有太强的规范性	各个环节都有规定，规范性极强

1.1.3 企业公文的五大类别

企业公文按照基本功能，可分为行政性公文、讲话类公文、事务性公文、公关礼仪性公文和规章制度类公文等五大类型，如图1-1所示。

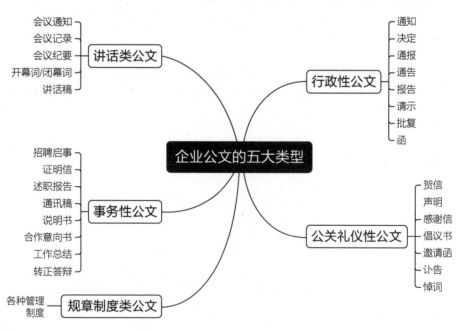

图1-1 企业公文的五大类型

|1| 行政性公文

行政性公文是指辅助企业管理工作的一些公文类型，比如通知、通报、报告、请示、批复、函等文种。在企业中，行政性公文通常不使用党政机关使用的强制力色彩浓厚、用于重大事件宣布或告知的文种，如命令、公告等。

|2| 讲话类公文

讲话类公文是指企业在相关场合发表讲话时所依据的书面文件。这类公文通常是企业公文写作人员为需要发表讲话的领导拟写，需要站在企业领导的角度写作，或者领导自己写作。比如，在华为，所有的管理人员都要自己写作此类公文。

讲话类公文包括开幕词／闭幕词、会议记录、会议纪要、会议通知、讲话稿等。这类公文通常不具有强制性和约束力，是一些观点的表达和情感的抒发。

|3| 事务性公文

事务性公文是指企业针对某一事项而拟写的具有特定用途的应用性文书。例如，企业招聘员工时需要拟写的招聘启事，员工年底时需要写的个人工作总结，在与其他企业合作时需要拟写的合作意向书……

|4| 公关礼仪性公文

公关礼仪性公文是指企业内部或外部进行社会交往、与礼仪相关的活动的公文。公关礼仪性公文主要体现交际双方（有时可能是多方）的愿望、喜好及情感，反映的是一种"双边"或"多边"关系。这些交往或活动用书面的形式互相接触、互通信息，以便达到相互了解、取长补短的目的，为增进友谊、加强合作与促进人际关系的和谐起到催化作用。

公关礼仪性公文往往是根据不同对象的实际情况和事由的具体内容写成的，例如贺信、感谢信和倡议书等。这类文书针对性越强，表达效果就越好。

| 5 | 规章制度类公文

企业规章制度是企业组织内部具有最高效力且效力较为稳定的一般性规范、规则、规定、章程等企业制度的总称，它对企业内部所有成员具有普遍约束力，是企业解决日常事务的基本制度。

规章制度公文包括考勤管理制度、会议管理制度、员工绩效考核管理制度等企业内部各项管理制度。

1.1.4 现代管理中企业公文的六大作用

企业公文是企业管理的重要工具，也是加强上下级及各部门之间相互联系的重要纽带。在企业的经营活动中，很多任务的布置与执行牵涉到许多部门与人员，需要得到各方支持与配合，此时公文就在其中发挥了重要的作用。

| 1 | 发布指令

公文是企业处理工作、管理其他成员的重要媒介，其最基本的功能是发号施令与传达信息。在企业管理中，公文发挥着规范控制与组织协调的作用。

这种功能在规章制度类公文中体现得尤为明显，因为这类公文几乎都用来制定和发布企业规章制度，而这些规章制度具有强制执行性，要求企业内部所有人员共同遵守。

上级通过下发公文对下级进行管理，不论是强制性的文件，例如宣传思想、发布政策、组织开展各类活动等，还是指导性的文件，例如提出具体建议或意见、工作上的指引等，下级都必须严格执行。一旦公文无法发挥领导和指导的作用，上级对于下级的管理就会因为制度上无法找到依据而陷入混乱。

| 2 | 明事通情

企业领导在实施管理职能并开展工作时，需要与各级人员保持通畅的沟通，及时交流意见、商洽问题，最后达成共识、互相协作，与其他人员一起配合完成工作任务。

这个沟通、交流的过程，其实就是公文发挥明事通情作用的过程。在实际工作中，上级发布通告来规范企业内部员工的行为；下级发布报告来汇报工作进度；不存在隶属关系的部门之间发布函来协商事务……这些都是企业公文在发挥明事通情的作用。

| 3 | 参谋决策

"人非圣贤"，企业内各级领导在处理工作的过程中，无法避免错误的产生。但加强信息的搜集，进行多方调查、研究和意见征集，能够有效降低产生错误的概率。

企业可以通过合法渠道有效地向各界征集信息。其中调查报告、建议报告等公文可以清晰地阐述情况、揭示问题，提供相应的对策，起到参谋决策的作用，能够让企业领导的公务处理更具科学性和合理性。

例如，某企业的销售部门在确定中秋节促销活动的主题时，始终没能想出新颖、贴切的主题。为此，销售部门的主管在企业内部张贴了一封意见征求公开信，征求企业内部所有人员的意见。其他部门的员工在阅读过通告后积极地发表意见和建议，最终帮助销售部门顺利确定了中秋节促销活动的主题。在这个过程中，企业公文便发挥了参谋决策的作用。

| 4 | 引导舆论

企业公文属于文章的一种，多数具有文章都具备的基本功能——宣扬思想。而企业内各级领导在实施管理职能和推进工作时，需要有效的舆论支持。因此，企业公文就成为了组织内外引导舆论的核心工具。

企业公文的宣传作用，通常通过指导意见、表彰性通报等形式体现，在企业中发挥着阐明事理、启发觉悟和提高认识水平的重要作用。

例如，某企业内部近段时间出现了比较重大的人事变动，一时间企业内部人心惶惶，严重影响了正常工作的开展。为此，企业管理层就人事变动情况发布了一则通报，详细介绍了此次人事变动的原因及影响。

通过这则通报，员工了解了企业的意图，不再感到焦虑不安，也重拾了工作热情。

| 5 | 商洽联络

公文的功能有时类似于书信，能够让企业各级人员对内对外进行商洽、介绍和联络，能够进行及时、规范的沟通和交流，便于各级人员共同开展工作，发挥整体协同效应。

通知、通报、报告、请示、函等公文都具有信息交流、商洽联络的功能，是企业对内对外相互联系的桥梁和纽带。

例如，某企业因为工作需要，要外派内部研发人员至非洲国家工作一年，为了帮助外派员工更好地在非洲国家开展工作，研发部门主管向行政部门发布了一则函，尝试询问行政部门是否可以组织这些外派员工学习非洲国家的语言，了解非洲国家的风俗习惯。行政部门在收到文件后立刻进行了回复，表示可以做好相关安排。在这个过程中，企业公文就起到了商讨接洽的作用。

| 6 | 存储凭证

企业公文既是企业内部的沟通桥梁，也是企业内成员开展工作的凭证和依据。

首先，各级人员在开展、请示或指示工作时，企业公文能够起到良好的证据留存作用，留存下来的企业公文可以清晰显示该组织或个人是否依照规章制度工作，是否履行了相应的职能，因此它是组织内人员履行职能、开展工作的真实记录。

其次，企业公文都需要存档，具有较好的参考意义。开展工作时如果遇到出现过的同类情况，就可以参考之前的企业公文，学习他人的工作经验。

最后，从某种程度上来说，企业公文还具有历史文献的作用，尤其是一些记载重大事件的企业公文，其文献价值更大。例如古人们留下的公文，便对当代人研究当时的情况具有重要的参考意义。

1.2

企业公文写作的用语规范

刚进入华为工作的我，怀揣一颗"文艺女青年"之心，也因为在学校写作得过不少奖项，所以对企业公文写作不屑一顾。刚开始写企业公文时，我总是用尽华丽、磅礴、引人注目的词语。比如，下面这篇"通知"就是我大学毕业进华为后写的第一篇公文，现在看来，令人啼笑皆非。

通知

各位同事：

阳春三月，万物复苏，柳绿花红，莺歌燕舞，大地一片生机勃勃。在这百花吐蕊的日子里，让我们相约在华为大学××会议室，一起讨论关于三月激情燃烧的岁月。愿我们的生命中永远有三月春天。

会议时间：××××年×月×日

会议地点：华为大学××会议室

这则"通知"现在看来是贻笑大方了，但当时的我确实是这样写的。现在有自己的团队后，我也看见过团队里的行政写出的类似的"通知"。

为什么会出现这样的情况？

最大的原因是我们不了解企业公文写作的用语规范。

1.2.1 企业公文写作用语的三大标准

党政公文在语言上要求较高，比如要符合申论的语言要求，还要符合统一规定的公文语言标准。企业公文在语言上的要求则非常简单——

让所有人能够高效地读懂。要达到这一要求，我们在用语上至少有三个标准，即规范严谨、庄重平实、简洁通顺。

|1| 规范严谨

规范严谨是企业公文写作用语最基础的标准，这意味着公文写作人员在拟写公文时要做到用语真实、准确。这是公文写作的底线，是公文写作人员必备的职业操守。

在拟写企业公文时，写作人员要做到"三不写"，即内容不真实确切不写，材料没落实到位不写，事实没调查清楚不写。即要做到案皆可考、言必有证。

值得注意的是，企业公文用语虽然讲究真实、准确，但在某些特定的语境中，为了让公文的语言表达更加周密、严谨，企业公文写作人员需要使用模糊词语。

"模糊词语"是指外延不确定、作者有意不做详细交代或内涵不确定的弹性语言。模糊词语虽词义模糊，但却能够让文章整体更加准确。例如，当事物发展的最终结果不确定时，可以用"力求""期许"等模糊词语，而不是"必须""一定"等带有强烈确定色彩的词语；当事件发生的时间不确定时，可以使用"当前""最近"等模糊词语，而不是精确到并不确定的某一天。

|2| 庄重平实

企业公文是企业内部用以传递指令、指挥工作、沟通信息、完成公务的一种重要工具，具有很强的政策性和实用性，表明企业的严正立场和严肃态度，因此企业公文用语除了要规范严谨之外，还需要庄重平实。

很多人认为庄重平实只是形容词，很难用来对应确切的写作方式。事实上，要想做到用语庄重平实，有4个具体要求，如图1-2所示。

事实上，企业公文写作人员在写作公文的过程中，极有可能会出现口语化用词，并且很难意识到自己使用了口语化用词。因此在写作时，可以参考汉语口语词的常见类型，规避这些常用的口语词，见表1-2。

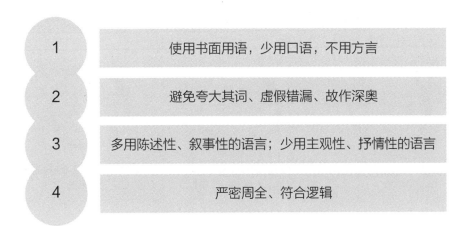

1	使用书面用语，少用口语，不用方言
2	避免夸大其词、虚假错漏、故作深奥
3	多用陈述性、叙事性的语言；少用主观性、抒情性的语言
4	严密周全、符合逻辑

图1-2　公文用语庄重平实的具体要求

表1-2　汉语口语词的常见类型

类型	案例
单音节虚词	"拿"好心当驴肝肺、"管"它叫二狗、"数"李红最能干、"来"一打啤酒、"光"想想就"挺好"、你"倒"好、"偏"就是他
后缀词	"子"：斧子、担子、日子。"头"：丫头、盼头、苗头。 "得"：免得、舍得、落得。"的"：真是的、没说的。 "乎"：玄乎、热乎、晕乎。"气"：客气、丧气、小气
儿化词	小偷"儿"、一块"儿"、病根"儿"、冰棍"儿"
人称代词	闺女、外甥、家伙、伙计、亲戚
叠词	红彤彤、绿油油、气鼓鼓、眼巴巴
口语动词	打量、打发、吆喝、搭理、掺和

　　另外，因为受到习惯的影响，企业公文写作人员很容易在公文写作中使用方言用语或网络用语，例如"炒鱿鱼""月光族"等。在企业公文写作中，要尽量规避使用这些词，要使用更标准的书面语。

　　总地来说，要想使企业公文写作用语庄重平实，应该尽量选用含义明确的词语，准确地表达出相关概念的内涵和外延，正确揭示事物的真相及本质，还要认真辨析语言的感情色彩，使之符合企业所要传达的价值观念。

│3│简洁通顺

企业公文的内容需要简明扼要，既要言之有物，又要简而不空。可以在公文写作时使用"用语简化三部曲"来做到这一点，如图 1-3 所示。

图 1-3　公文"用语简化三部曲"

（1）开门见山地指出中心思想

企业公文的本质是应用文，所以一定要以企业所有员工能够准确、快捷地阅读公文作为行文的首要前提。这就要求企业公文写作人员在拟写公文时要直接表述，开门见山地指出发文意图、中心思想以及要传达的价值观念。

（2）尽量选用含义丰富、准确的概括性词语

使用概括性词语能够帮助企业公文写作人员缩减文章的篇幅，也能让用语更具有深度和广度，使用这类词语是企业公文写作人员简化公文用语的"不二法门"。因此在企业公文写作人员的工作中常常会用到含义高度浓缩的概括性词语。

例如，常见的概括性词语就是提出句子的主干，在表达清晰的情况下，删减不必要的形容词、副词等修饰性词语，只使用一个句子必备的三个要素：主语、谓语和宾语，即"什么人做什么事"。

（3）反复修改，删除不必要的段落与字句

企业公文写作人员有时在写作中为了强调某件事，会反复提及此事，并使用大量的形容词来描述这件事，这样会使公文看起来繁冗、复杂。因此在初步拟稿完成之后，为了使用语更加简洁明了，写作人员需要再三检查，删除多余、重复的语句和"空话""废话"。

如果把公文写作比喻成建造房屋，那么公文的写作语言就是垒砌房屋的那一块块砖，要想房屋修建得稳固、美观，砖就必须按照要求垒砌。

1.2.2 公文字体、字号、序号、标点符号与数字的正确使用

企业公文写作虽然不像党政机关公文那样要求严格，可由企业自行规定字体、字号、序号、标点符号和数字的用法，但至少要保证公文格式简洁、美观、庄重。下面，给大家列出大部分企业所采用的公文字体、字号、序号、标点符号与数字的使用标准。

| 1 | 字体、字号的正确使用

大部分企业采用的字体、字号使用标准如表 1-3 所示。

表 1-3 字体、字号的使用标准

使用位置	使用要求
标题	二号小标宋体
正文	一般用三号仿宋体，特定情况下可以适当调整
发文单位	推荐使用小标宋体，字号由企业以醒目、美观、庄重为原则酌情制定
公文编号	三号阿拉伯数字
密级和紧急程度	三号黑体
签发人	签发人一般使用三号仿宋体，后标全角冒号，冒号后用三号楷体字标识签发人姓名
抄送、印发单位和印发日期	四号仿宋体

| 2 | 序号的正确使用

为了使复杂的公文内容变得清晰、明确，必须使用相应的序号将其按照结构层次进行划分。以序号 1 为例，在公文格式规范中，文中结构层级的序号从高到低依次为 "一""（一）""1""（1）"。

这 4 个层级序号不得越级使用，需要按照顺序和层级需求依次使用。在公文结构中，一般不超过 4 个层级，层级过多非但不会使公文内容变得清晰、明确，反而让人感到凌乱，因此不建议层级设置超过 4 个。

需要注意的是，结构层级序号后接的标点符号也经常被错用、误用。正确的用法是：第一个层级使用"一"之后要用顿号；第二个层级使用"（一）"之后不加任何标点符号；第三个层级使用"1"之后接点号；第四个层级使用"（1）"之后不加任何标点符号。

| 3 | 标点符号的正确使用

标点符号是企业公文中的重要组成部分，误用标点符号极有可能影响对文意的理解，甚至出现歧义，从而严重损害公文质量和形式的严谨。标点符号的用法较为复杂，更多用法可参考《出版物上数字用法的规定》（GB/T 15835—2011）。

| 4 | 数字的正确使用

在企业公文写作中，很多人会将阿拉伯数字和汉字数字的使用情形弄混，为此，下面将这两种数字的使用情形进行了归纳。

（1）必须使用阿拉伯数字的情形

① 公文保密期限中的年份，如"保密期限：5 年"。

② 公文发文日期中的数字，如"2020 年 12 月 31 日"。

③ 发文字号中的数字，如"办字〔2020〕13 号"。

④ 正文中公历纪年的世纪、年代、年、月、日，如"20 世纪 80 年代""2021 年 1 月 1 日"。

⑤ 正文中表示时间的时、分、秒，如"8 时 30 分 24 秒"。

⑥ 多位的整数与小数，如"1500 名员工""3.1415926"。

（2）必须使用汉字数字的情形

① 公文前两个层次结构中的序数，如"一""（一）"。

② 词语中的特定表达，如"五湖四海""星期一""不管三七二十一"等。

③ 两个相邻数字连用表示概数的情况，如"四五个人""八九百元"等。

④ 中国干支纪年、夏历月日，中国清代及以前的历史纪年、各民族的非公历纪年，其中中国清代及以前的历史纪年、各民族的非公历纪年后应采用阿拉伯数字括注公历，如"己亥年四月初九""清咸丰三年（公

元 1853 年)" 等。

⑤ 与"几"连用的数字表示约数，如"二十几天""几百年来"等。

⑥ 以月日简称表示节日、事件的情形，如"五一国际劳动节""七七事变""五四运动"等。

1.2.3 企业公文写作的特定用语和使用场景

企业公文在演化、发展的过程中，逐渐形成了一系列特定用语，这些特定用语的使用能够使企业公文看起来更加规范、专业，熟知这些特定用语，能够让我们的公文增色不少。公文常用的特定用语如表 1-4 所示。

表 1-4　企业公文写作特定用语

类型	使用场景	案例
开端用语	用在正文的全篇或段落开头表示行文目的、依据、原因、背景等	据、根据、依据、查、奉、兹、按照、遵照、依照、为了、关于、由于、鉴于、随、随着
祈请用语	向受文者表达期望或请求	望请、请、敬请、恳请、提请、报请、拟请、希望、切望、热望、盼、切盼、务求
时间用语	在具有时效性的公文中使用	不日、即日、日前、兹将、兹因、业已（已经）、业经（已经经过）、从速、亟待、即日、暂时、行将、即将、一向、一经、按期、如期、定期、限期、先期、预期、逾期、展期、周期、过期、届时、值此
客套用语	在公文中对受文者表示礼貌	贵、承蒙、教正、屈就、指点、受教、奉约、灼见、感戴、拜贺
称谓用语	对机关、单位、集体、个人不同人称的称呼	本（公司）、我（公司）、该（公司）、你（公司）、××员工
综合用语	用以连接具体情况叙述和总概性叙述	为此、据此、值此、至此、有鉴于此、综上所述、总而言之、由此可知
承启用语	用来承接上文并引起下文	根据……特作如下决定；为了……提出如下意见；现就……问题请示如下；经……研究，答复如下；拟采取如下措施
引述用语	用于批复或复函、贺信等引述来文、来电作为依据的用语	悉（知道）、收悉、电悉、文悉、敬悉、欣悉
批转用语	表明对下级来文批示意见或向下批转、转发公文	批示、审批、阅批、核阅、阅示、批转、转发、颁发、印发、发布、公布、下发、下达

类型	使用场景	案例
经办用语	表明工作处理过程和情况	拟、拟办、拟定、施行、暂行、试行、执行、参照执行、研究执行、审定、审议、审批
表态用语	表示态度或可否的语言	应、应该、同意、不同意、批准、照此办理、遵照执行、组织实施、贯彻落实、拟同意、参照执行、供参考、可借鉴、酌情处理
征询用语	表示征请、询问对有关问题的意见	当否、可否、妥否、是否可行、是否妥当、是否同意、如有不当、如无不当、如有不妥、如果不行、如果可行、意见如何
结尾用语	表示全文结束	以上请示当否，请批复；请研究函复；特此通告；特函复
报送用语	呈报物件	呈请、呈报、呈送、报送、申报、报请、报批、提请、送达、附上
核查用语	审核相关物件或工作情况	审核、审定、审议、核定、核准、核销、核发、查验、追查、查照、查询、查收、查复

在企业公文写作中，了解这些特定用语的使用场景并熟练掌握其写法，可迅速提高我们的写作效率，使企业公文更加出彩。

1.3

企业公文的格式与排版要求

在刚开始接手企业公文写作时，在格式排版上，我犯了和用语一样的错误，总是想着排版要美轮美奂，给人一种恨不得在上面"绣"一朵花的感觉。领导每每看完我的公文都会感叹一句"太幼稚了"。

企业公文的格式与排版要求很简单：简洁、易阅读、高效。

1.3.1　企业公文的用纸及印装格式

企业公文在用纸及印装上有特定要求。

| 1 | 纸张

企业公文的用纸通常为 A4 纸（210mm×297mm）。

| 2 | 公文页边距与版心尺寸及行距

公文用纸的上白边，即顶部文字与页面上沿的距离通常为 37mm；下白边即底部文字与页面下沿的距离通常为 35mm；左白边即左边文字与页面左侧边线的距离通常为 28mm；右白边即右边文字与页面右侧边线的距离通常为 26mm。

版心距上下边界尺寸为页眉 20mm、页脚 20mm；页眉左顶格可放公司标识，右顶格放版内公文性质，整行加下划线，页眉和页脚的文字用五号宋体斜体字；公文内的文字、表格和图片必须在版心内，不能超出版心的边界。

1.3.2 企业公文的眉首格式

在企业里，关于眉首格式有两种方式。有的企业很简单，没有眉首，开门见山，有的企业会采用党政机关公文的眉首排版格式。

没有眉首，开门见山写出内容，简单、高效，这种方式适用于大多数企业，如图 1-4 所示。

2020 年劳动节放假通知

根据《国务院办公厅关于 2020 年部分节假日安排的通知》的规定，结合公司实际情况，现将 2020 年劳动节放假时间安排如下。

1. 劳动节放假时间：5 月 1 日—5 月 5 日，共 5 天。

2. 上班时间：5 月 6 日（星期三）。

另鉴于夏季高温来临，公司将在五一假期后调整为夏季作息时间，午休时间调整为 2 小时，具体调整时间如下。

上午：8:30—12:00

下午：14:00—18:00

祝大家劳动节快乐！

特此通知！

×××××公司

2020年4月20日

图 1-4 某企业关于劳动节放假的通知

下面重点说一下采用党政机关公文标准排版的眉首格式。

采用党政机关公文标准排版眉首时，首先要弄懂眉首的真正概念。置于公文首页红色反线（横隔线）以上的各要素统称眉首。公文眉首一般由文件名称、发文字号、签发人、紧急程度、秘密等级、文件份号等组成，占文件首页面积的三分之一至五分之二，如图1-5所示。

机密

特急

湖北××有限公司文件

签发人：×××

鄂××发〔2020〕2号

图1-5 公文眉首

在撰写公文眉首时，有以下注意事项。

第一，文件名称由发文机关全称或规范化简称加上"文件"二字组成（函只署发文机关名称），置于首页的上端，用庄重、醒目的字体套红印刷。两家及两家以上机关联合行文，主办机关名称排列在前，也可只用主办机关的名称。

第二，发文字号由发文机关代字、年份、序号组成，位于文件名称之下、横线之上的正中位置，使用三号仿宋体标注。其中，联合行文只标明主办机关发文字号；函的发文字号放在横线的右下角、标题之上；上报的公文发文字号放在横线之上左端位置，在同一行右端标明签发人姓名。

第三，秘密公文应视保密程度在公文首页右上角标明"秘密""机密"或"绝密"。"机密""绝密"公文应在眉首左上角标明份数序号，秘密等级两字之间空1个字，有保密期限时则不空，即"机—密"和"机密×月", 其中 "—" 表示空 1 个字。保密等级和保密期限均用三号黑体字。

第四, 紧急公文应视紧急程度在公文首页右上角标明 "急件" 或 "特急"; 紧急电报应当分别标明 "平急" "加急" 或 "特急"。同时是秘密公文的, 上标紧急程度, 下标秘密等级, 上下对齐。函的秘密等级和紧急程度标在横线左下角、标题之上。"特急" "加急" 两字之间空 1 个字, 采用三号黑体字。

第五, 文件份号指在公文总印刷份数中某份公文的顺序编号。份数序号位于版心左上角第一行, 顶格书写, 一般由 6 位阿拉伯数字组成, 如 "000001", 表示此份文件是该公文总印数中的第一份。文件份号采用数字三号字体。

第六, 不得在一般公文上随意标注紧急程度和秘密等级。公文的紧急程度及秘密等级由公文主签领导人确定, 主办单位可事先在送签稿上标明送领导人一并审定。公文一经签发, 未经主签领导人批准同意, 任何人不得擅自标注或改动。

1.3.3 企业公文的主体格式

企业公文主体部分包括标题、主送机关、正文、附件、落款、附注等。表 1-5 所示是对企业公文主体要素及格式的详细介绍。

表 1-5 企业公文的主体要素及格式

主体要素	位置	组成	格式
标题	版头与正文分割线的下空两行处	一般由发文机关名称、事由和文种组成	二号小标宋体字; 居中排列; 多行标题应当排成梯形或菱形; 除法规、规章和规范性文件的名称加书名号外, 一般不用标点符号
主送机关	标题下空一行处;居左, 顶格书写	公文送达机关	三号仿宋体; 一行写不完时, 换行仍顶格书写

主体要素	位置	组成	格式
正文	主送机关下一行处	一般需要分层、分段说明，层级序号可用"一""（一）""1""（1）"标注；行政规章视需要按章、节、条、款、项、目标明层级	三号仿宋字；首行缩进2个字符
附件	"附件"二字居正文下空一行处	公文附件的序号和名称	三号仿宋体；居左，首行缩进2个字符
落款	正文下空一行处居右	发文机关署名、成文日期和印章	三号仿宋体；年、月、日齐全，采用阿拉伯数字；印章要盖在署名和日期上；除会议纪要外，都应加盖印章
附注	成文日期下一行处，居左首行缩进2个字符	在印发传达范围内对需要标注的事项做出的说明	三号仿宋体；附注内容加圆括号；换行后顶格

1.3.4　企业公文的版记格式

"版记"是指在公文中处于首条分隔线和末条分隔线之间的区域。通常情况下，分隔线的宽度为 0.35mm。版记主要包括抄送机关、印发机关和印发日期三个要素。

|1|抄送机关

抄送机关是相对主送机关而言的，是指除了主送机关之外还有其他需要知晓或执行该公文内容的机关，并不是所有公文都有抄送机关。

抄送机关在公文中位于印发机关与印发日期上一行，版心左右各空一字，通常采用四号仿宋字体。"抄送"二字后加全角冒号和抄送机关名称，换行后与冒号后的第一个字对齐，最后一个抄送机关名称后加句号。

|2|印发机关与印发日期

印发机关与印发日期通常排列在一起，位于末条分隔线之上，是对公文的印发做出的说明。印发机关居左空一字，印发日期居右空一字，都采用四号仿宋体，用阿拉伯数字书写日期，年、月、日要标齐。

1.3.5 企业公文的表格及页码格式

在公文的正文写作中，有时会遇到公文内容繁杂的情况，使用表格能够让内容看起来一目了然，此时便会涉及公文中表格及页码格式的使用。

|1| 表格格式

在企业公文写作中，如果需要附表，对横排 A4 纸型表格，应将页码放在横表的左侧，单页码置于表的左下角，双页码置于表的左上角，单页码表头在订口一边，双页码表头在切口一边。

如果需附 A3 纸型表格，且当最后一页为 A3 纸型表格时，封三、封四（可放分送或抄送单位栏，不放页码）应为空白，将 A3 纸型表格贴在封三前，而不应贴在文件最后一页（封四）上。

为了保证连续编排的表格可以按顺序依次往下看，我们必须将单页码横表表头放在订口一边，双页码横表表头放在切口一边。如果把单双页表头全部放在订口一边，或全部放在切口一边，阅读时就要颠来倒去，给公文的使用带来很多的不便。

公文如需附 A3 纸型表格，且 A3 纸型表格又是公文的最后一页，为避免表格脱落，应将表格放在封三之前的位置，不能将表格贴在封四上，封三、封四（不放页码）则为空白页。

|2| 页码格式

页码用四号半角白体阿拉伯数码标识，置于版心下边缘之下一行，数码左右各放一条四号一字线，一字线距离版心下边缘 7mm。单页码居右空 1 字，双页码居左空 1 字。空白页和空白页以后的页不标识页码。

页码的标识需要注意以下三点。

（1）空白页和空白页以后的页不标识页码

规定空白页和空白页以后的页不标识页码，主要是为了防止有人利用空白页私加文字。也就是说，页码只标识到公文主体部分结束的那一页。

（2）版记页是否标识页码视具体情况而定

按照"空白页和空白页以后的页不标识页码"的规定，印有版记的那一页是否标识页码要看有没有公文主体，有主体则标识页码，无主体则不标识页码。

（3）双面印刷，双面均标识页码

用四号半角白体阿拉伯数码标识，置于版心下边缘之下一行，数码左右各放一条四号一字线，一字线距离版心下边缘7mm。单页码居右空1字，双页码居左空1字。

1.3.6　企业公文排版的通用模式

下面根据上文介绍的格式要求，将企业公文排版通用模式呈现出来，供企业公文写作人员借鉴。

000001　　　　　　　　　　　　　　　　　　**机密**
　　　　　　　　　　　　　　　　　　　　　特急

湖北ＸＸ有限公司文件

签发人：×××

鄂××发〔2020〕2号

标准公文格式
标题（二号小标宋体）

主送单位：（标题下一行顶格，三号仿宋）

　　×××××（正文三号仿宋，首行缩进2字符）

　　一、×××（黑体）

　　×××××（正文三号仿宋，首行缩进2字符）

　　（一）×××（楷体）

××××××（正文三号仿宋，首行缩进 2 字符）
1.×××（仿宋）
××××××（正文三号仿宋，首行缩进 2 字符）
（1）×××（仿宋加粗）
××××××（正文三号仿宋，首行缩进 2 字符）

附件（二号宋体）：1.×××（正文
下空一行，首行缩进 2 字符）（三号仿宋）
2.×××
湖北 ×× 有限公司（三号仿宋居右）
× 年 × 月 × 日（三号仿宋居右）

抄送：××××，××××××，××××，×××。
（四号仿宋）

×××××机关（居左空1字）

×年×月×日印发（居右空1字）

1.4

企业公文写作人员的基本素养

在我刚进华为 3 个月时，领导要求我替他撰写一篇在公司活动上的发言稿。我拟写了稿件后，领导认为稿件的内容不符合他的要求，要求我重写。我重新写了数十遍，仍然未能达到领导的要求。为此，从小被人称为"写作能手"的我非常沮丧，开始自我怀疑，甚至一度产生辞职的想法。后来，我"熬"了过来，甚至在几年后，我还被邀请给企业的公文写作人员讲课，传授企业公文写作的技巧。

在职场中，我们每个人都是企业公文写作者，但真正把公文写好并不是一件容易的事。有的人像我刚开始一样，是畏难的，一篇公文写好几次都达不到要求，就开始自我怀疑，打退堂鼓，放弃学习；有的人认为公文写作是一件小事或不重要，不是自己工作的核心，没有真正沉下心来琢磨和钻研，自然得不到提高；有的人虽然很想把公文写好，但没有掌握正确的方法，即使花了很大的功夫，始终原地踏步；有的人凭着一些天赋，开始写一些简单的公文，比如通知类公文，能够应付自如，但随着工作要求的提高，自己没有及时补充学习，在写复杂一点的公文如讲话稿时，会出现才思枯竭的现象；还有的人一开始基础没有打牢，后期又缺乏学习和训练，每次写作时，通过互联网搜索引擎东拼西凑，始终无法写出一篇有"灵魂"的公文……

公文写作看似门槛不高，人人都能做，但要想真正做好，除了掌握正确的方法和写作要点，还需要提升自己的职业素养。只有不断学习，持续用功，才能从写作"小白"一步步成为公文写作"高手"。这是一个由浅到深、循序渐进的过程。这个过程犹如我们的人生——会遇到困难，会被生活摔打得满身伤痕，但只要我们坚定信念，勤奋努力，踏实好学，自然会日益精进，最终获得成功。

根据我的经验，一个优秀的企业公文写作人员至少要具备 5 个基本素养，才能在公文写作中"打怪升级"，日益精进。

1.4.1 素养一：敏学

写作是一个表现自我以及输出观点的过程。想要有足够的内容输出，首先就需要进行输入。只有进行高质量的内容输入，企业公文写作人员才能够不断地吸收新的知识，思考新的问题，最终形成新的观点。

想要写出好的公文，需要坚持大量并且高质量的阅读，带着目标去寻找知识，用思辨的眼光与论证的形式学习。这也就意味着，企业公文写作人员一定要"敏而好学，不耻下问"。

如何做到敏学呢？要从以下两个方面入手。

|1| 持续学习

"活到老，学到老。"对于企业公文写作者来说，学习是一件持续的事情，要想实现优质的内容输出，就应当不断学习。保持持续学习的热情，坚持学习，学习自然会变成习惯。

|2| 全面学习

"书到用时方恨少。"对于公文写作人员来说，没有什么知识是无用的，没有什么是不可学的。上知天文，下知地理，中晓人和。做到这一点，写作之时就会发现知识储备的用武之地。

但若想所有门类的知识都全面精学，显然并不现实。所以企业公文写作人员在学习历史、文学类知识时，采取通读的方式，大致了解即可；在阅读时政热点等信息时采取摘读的方式；在学习需求迫切的、专业性比较强的知识时，采取精读的方式。

1.4.2 素养二：宽心

公文写作是一项极其考验细心和耐心程度的工作，企业公文写作人员需要常年保持认真严谨的工作状态。精力长期高度集中，难免会丧失工作激情，甚至由于受到客观因素的不利影响，还会产生一些心理障碍。

企业公文写作人员必须具备良好的心理素质，克服不良心理，保持心态平和，这样才能圆满完成公文写作任务。

在公文写作中，需要避免的典型问题有以下五点。

|1| 避免无所适从

一些刚接触企业公文写作的人员，最开始完全无从下手，不知道大纲怎么写、素材怎么找，写出来的文章也是一盘散沙，毫无逻辑结构，领导看了连连摇头。有时领导甚至列出了写作大纲，只需写作人员填充内容，但他们写出来的仍然都是一堆正确的"废话"，没有任何实质性的内容。

其实，从事任何职业在最开始的时候可能都会经历一个"摸不着头脑"的过程，这就要求企业公文写作人员在写作时运用一些写作技巧，比如正式撰写之前把写作意图、写作大纲、分级标题等简要列出来，然后再根据要点进行写作，慢慢修缮，这样写作起来会容易很多。

| 2 | 避免刚愎自用

现在企业公文写作人员普遍年轻化，学历普遍较高，文化素质较以前也有很大程度的提升，随着工作年限的增长，写作的一些公文稿件比较容易得到领导及受众的认可。这时，一部分人难免会变得自负，认为自己已经熟练掌握了公文写作方法，写作时开始以随性、散漫的态度对待。

但以这种态度写出来的公文往往并不理想，很有可能出现问题。因此企业公文写作人员在写作时，应当摒弃自以为是的心态，要认识到公文写作的重要性以及企业公文对企业形象的重要性，虚心向前辈学习请教，不断提高自身的写作水平。

| 3 | 避免操之过急

由于企业日常事务较多，工作中接触到的企业公文类型繁多，这就导致一部分企业公文写作人员刚接触企业公文写作时，急于求成，什么都想写，一味追求数量，有时一天就写好几篇文章出来，写完之后也没有经过详尽的检查和推敲，以至于写出来的文章质量堪忧，最终未被采用。

不同于其他文章的写作，公文写作时需要认真严谨，因为它关乎企业的一些相关信息，写作时一定要仔细对待，不能出一丝差错。曾经有一家企业发出的年度业绩汇报因为其中标错了一个小数点，给企业造成了巨大的损失。

公文写作切莫操之过急，只有细心耐心才能写出高质量的公文，不然不仅写作人员自身的价值无法得以体现，还可能让公司蒙受一定的损失。

| 4 | 避免自暴自弃

这种心理障碍在一部分新手和老手身上都会出现。一些刚接触公文写作的人会有一些畏难情绪，认为自己肯定写不好或者不知道怎么写好，自己吓自己。还有一部分老手可能对企业的某些方面比较熟悉，写起来格外拿手，但是面对不怎么熟悉的领域，便会产生抗拒和退缩心理，进而产生不满情绪，这样的心态是极其不利于工作的。

由此，要求公文写作人员有强大的内心，在面对自身并不熟悉的领域时，既要重视它又要藐视它，要不断钻研，不断丰富自身的见识，并向前辈学习，不断提高自身的写作技能，同时又要给自身足够的勇气和信心，实现自我超越。

| 5 | 避免敷衍塞责

企业公文写作人员经过长期的沉淀，可能会在写作中形成一些固定模式和思维定式，这就使得一部分人在写作时自我感觉良好，心态也变得浮躁起来，写作时抱着敷衍了事的态度，时常草草了事。

例如，有一位工作多年的企业公文写作人员，在面对一个老生常谈的写作话题时，套用固定的公文写作模式，文章整体采用的也都是一些基础简单的写作手法，引用的素材还都是过时的，根本没有贴合时代来撰写，以至于最后呈现出来的文章脱离实际，只得重写。

优秀的公文写作人员会戒骄戒躁，不断学习，在长期持续的磨炼中提高自身的写作水平。即使面对熟知的领域和内容，也应当认真严谨，字斟句酌，不可采取敷衍塞责的态度了事。

公文写作水平的提升是永无止境的，尤其处在一个变化迅速的时代，作为企业公文写作人员，我们应当不断提高自身的综合素质和认知水平，根据社会以及企业的不断变化，更新完善我们的知识储备，进而不断提高写作水平，实现自我价值。

1.4.3 素养三：博采

公文写作人员平时要十分注重广泛收集写作素材。战国时期的大教育家荀子也在《劝学》中提到："不积跬步，无以至千里；不积小流，无以成江海。"

公文写作人员只有平时大量积累素材、吸收素材，才能做到丰富词汇量、拓宽知识面，起草的公文才会文笔生动、言之有物，不至于单调枯燥、陈旧老套。积累素材可以从以下三个方面入手。

|1| 国家政策及行业动态

重点做好企业的发展战略、商业模式、制度流程等理论知识的积累，广泛收集企业管理的理论书刊、标杆企业或一些经管类公众号发表的理论文章和领导讲话等，掌握企业管理知识，把握商业发展趋势，有针对性地为我所用，避免出现写公文凭感觉、讲错话的现象。

|2| 写作素材

收集素材是一项非常烦琐的工作，要想收集到全面、有价值的素材，必须灵活运用多种方法，多渠道、多角度、多形式地吸收、归纳和整理。

在报纸杂志上看到的名篇佳句、名言警句、新颖观点，可以复印或剪贴下来，列出条目、标注出处，以备参考；对经常用到的地方概况、产值收入，以及本单位、本行业的经济运行情况、增长数据等信息，可以用图表或表格的方法进行记载，确保使用时一目了然；对网上出现的信息资料、词句，必要时可以打印或下载，丰富资料库。

|3| 领导意图

尤其要仔细观察本行业、本企业的发展情况、重大政策和重大事项等信息和动态，从而把握事件的前因后果、来龙去脉。要做日常工作的有心人，利用各种机会、各种场合，留意收集领导的讲话、指示、发言，紧跟领导思路，把握领导意图，了解领导的用语风格，从而总结提炼出对全局工作有指导意义的观点和看法。

"学而不思则罔，思而不学则殆。"思考问题本身就是学习过程的继续和深化，也是提高文字工作水平的重要途径。勤于思考、善于思考，有助于企业公文写作人员把平时所听、所看、所学转化为知识和能力，积淀文字功底。

1.4.4　素养四：勤练

企业公文写作工作是为企业服务的，面对不断出现的新情况、新问题、新矛盾，写作人员光靠翻资料、闭门思考是远远不够的。南宋文学家陆游曾写下"纸上得来终觉浅，绝知此事要躬行"的诗句。要提高企业公文写作水平，还必须深入一线，深入实践，调查研究，详尽地掌握第一手资料。

要想做到"勤练"，企业公文写作人员应当做到以下五点。

|1| 善读书

"读书破万卷，下笔如有神。"读书对与文字工作者来说是很重要的，养成良好的读书习惯，把阅读融入生活的过程就是写作水平提高的过程。书看多了，写文章的时候底气也就足了。

|2| 勤动笔

三天不练手生。在公文写作的道路上也是如此，写作人员需通过大量的练习来保持写作状态和语感，只有这样才能让自己的写作水平保持在一个较高的水平。

|3| 养雅性

培养一种有品位的爱好，对企业公文写作人员来说，能够帮助其保持对生活的热爱和对工作的激情，还能够开拓视野、丰富思路。

|4| 多交流

加强交流能够有向优秀的人学习的机会。企业公文写作人员除了加强内部的业务交流，还应该重视和企业管理层以及外部行业权威的交流。

|5| 常修身

"修身"作为"齐家治国平天下"的基础，也是企业公文写作人员立身立命的基础，要做事，先做人。企业公文写作人员自身的品质会通过文字展现出来，是可以具象化的，所以企业公文写作人员更需要行得正，坐得端。

1.4.5　素养五：创新

众所周知，公文写作最显著一个特征就是规范，各种文体在长期使用过程中都已经形成了很多规范。大部分公文写作人员严格遵循公文写作的标准规范，这确实有利于维护公文写作的严肃性，但长此以往，写出来的公文往往千篇一律、毫无新意。

事实上，企业公文除了具有特定要求的以外，很多是不需要完全依照相应规范写作的，反而是一些新颖的、别具一格的企业公文，会受到领导、同事的青睐，可以更好地发挥企业公文的作用。

企业公文写作可以从以下四个方面大胆创新。

|1| 新思路

社会在不断发展和变化，公文写作应紧跟时代的步伐，要更新思路，引入新理念，体现公文的时代性，从而提高公文的可读性，也进一步增加公文的吸引力和说服力。

试想，如果公文写作仅仅只是遵循标准，简单阐明事实和传递信息，无法提出相应的解决措施，就算写得十分规范工整，也不具备足够的可读性和吸引力，更不要说给受众留下深刻的印象。

企业公文写作人员在面对不断出现的各种新事件、新问题时，除了保证行文规范，更应当结合时代特征，联系实际，多维度对问题进行深度剖析，也可参考其他企业的公文，从中获取新思路，使得公文更具时代特征，能给受众留下深刻印象。

| 2 | 新素材

公文写作中，为了表明主旨，也为了观点准确，经常需要引用一些素材。在撰写企业公文时，常常需要对企业的一些基本情况、年度计划、年度总结以及业务数据等进行阐述，这就需要根据实际情况进行素材的引用和更新。

同时，社会和企业也在不断发生变化，一些政策法规也会做出一些调整。当前数字化技术快速发展，信息的传播也更快捷便利。在撰写公文时可引用一些具有当前时代特征的素材，结合当下发生的一些事件进一步阐明要点，这样更能提高公文整体的准确度和可信度。

| 3 | 新结构

公文有其特定的结构格式，在写作时也要符合逻辑规律，但套用格式化结构并不等于不能创新。

在运用这些固定结构时既要有针对性，还要具备一定的灵活性。一般企业公文结构多由发布事项的缘由、具体事项以及希望和要求三个部分组成。撰写公文时大部分套用固定结构模式，但并不是所有的公文都能套用，如企业员工的免职以及其他一些特殊事件就不能套用固定结构，在写作时就必须使用新的结构。

总之，企业公文在写作时需要有结构格式，但又不能拘泥于固有结构，应当根据实际情况，在需要时对整体结构做出相应的调整。

| 4 | 新表述

公文写作除了要有鲜明的主旨、完整的构思、多样的素材，还应具有新颖而富有感染力的语言表述。从某种程度来讲，公文写作的过程时常伴随着语言用法的创新，要打破常规，发挥创造力。

在公文写作中，语言表述更多地体现在内容上，要擅长将群众喜闻乐见的成语、俗语等修改后加以运用；面对一些司空见惯的社会现象或说法时，提出一些更新颖、更形象的表述，可以写出贴合时代的公文。

同时，为了体现文字的优美，增加表述的生动性，写作人员可以巧妙地运用一些修辞手法，如排比，从多层面进行表述，使语言丰富深刻，也可提高公文的可读性。

总之，公文写作既要遵循规范，又不能排斥创新。只有贴合事实，顺应时代，写出来的公文才能不落俗套，具有创造性，又不会丢掉根本，这样公文的质量才能得到提高，公文整体呈现的效果才会更好。

第 2 章
企业公文基础拟写

少成若天性，习惯如自然。这句话用在公文写作上也同样适用。企业公文写作具有特定的格式，要求严谨，只有从刚开始学习公文写作时，就将格式规范执行到位，形成良好的公文写作习惯，才能有一个好的开始。

2.1

企业公文写作的准备

我在刚刚接触公文写作时，总是想迅速把内容敲定，马上动笔写，争取在一个小时内完成任务。但这种急匆匆、提笔就写的工作方法，令我的工作效率大打折扣。原因就在于我总是写到一半发现自己卡壳了、没有思路，于是又要花费时间再去构思。甚至有时候我把内容写完了，才发现少写了一些内容或有些内容写错了。

究其缘由，是因为我在写作前没有做好准备工作，没有将公文的主旨、提纲罗列出来，脑海中没有完整的思路，所以才出现写作效率低下和内容错误的情况。

2.1.1　企业公文主旨的确立

公文的主旨就是公文的全部内容所表达出来的主要观点、基本主张、行文用意和目的，它是一篇公文的灵魂。确立公文主旨的实质就是厘清行文思路、弄清行文目的、明确公文使用场景。

在这个过程中，主旨一经确立，即对材料的组织、结构的设计、语言的运用以及表达方式的选择等起到制约和调节作用。因此，正确地确立主旨，使之合乎要求，是写好公文的关键。

确立公文主旨，需要从以下三个方面入手。

｜1｜明确主题

主题即公文的中心思想，在开始写作之前，企业公文写作人员要在心里问自己两个问题：一是这篇文章要表达的中心思想是什么；二是该如何突出中心思想。

公文的主题是依据公文的要求和写作目的来定的，比如，领导需要在一次大会上发言，那么你应该明确领导要围绕什么内容来发言，希望通过这次发言达到什么样的效果，这次大会要宣扬什么样的精神等内容，用这些特定条件来对公文主题的范围进行限定。

| 2 | 文种选择

在第 1 章中，详细介绍了公文文种分类，这些文种的分类看起来比较好理解，但运用到日常工作中，也很容易被混淆、错用。

有一次，领导出差需要申请携带公司机密文件，要求我写一份报告说明一下。结果我真的交了一份报告上去，自然被领导打回来了，原因就是错误使用文种。因为申请携带公司机密文件，是一种请示文件，是上行文种，使用报告形式自然不对。

我们在选择文种时，不要只理解领导的表面意思，而要理解行文的最终目的，发现事物的本质。

| 3 | 发送限定

明确发送限定是由公文的保密性质决定的。很多企业公文包含着企业内部的机要秘密，如果贸然将公文发送给所有人传阅，一旦泄露机密，是需要承担法律责任的。所以在明确公文主旨的过程中，企业公文写作人员应该明确公文的具体受文者，根据公文的保密等级，发送给限定范围内的对象。

2.1.2 企业公文提纲的编写

企业公文要想达到层次分明、条理清晰的效果，就要先列一个高质量的写作提纲。很多人不重视提纲的编写，想到什么就写什么，这样会导致在写作的过程中思绪混乱。因此当企业公文写作人员拟定一个条理清晰、简洁明了的提纲时，公文写作才算是有了一个良好的开端。

和写作前的准备工作不同，提纲的拟定需要整理思路和进行思考，在这个过程中，企业公文写作人员会对主题、素材、结构和一些细节进行归纳和构思，并用文字记录下来。如果说文章的主题是冲锋在前的士兵，那么文章的提纲则更像是指挥这些士兵的军官。

编写提纲能够让写作人员的思考留下痕迹，便于在后续的写作中快速地回忆起自己之前的构思，帮助写作人员具象化写作过程，提高写作效率。可以从以下几个方面来全面地认识公文写作提纲。

|1| 提纲的定义

提纲一般包括文章的标题、主要思想、层级的划分、观点的陈列、关键内容以及一些过渡的手法等内容。

大体上来说，文章只需要沿着提纲的脉络进行填充即可。一般情况下，提纲的内容完全按照作者的思维方式和思维习惯来进行编写，因为提纲上的内容本就是文章的雏形，只需要根据作者的思路扩展成文即可。

|2| 公文提纲的类型

公文的提纲类型主要有两种，即条文式提纲和思路提纲。

条文式提纲是指按照文章的逻辑顺序，将文章的层级以目录的方式记录下来，可以详细地列出每一个观点，也可以只写出标题和主旨。

而思路提纲更直观，更具系统性、逻辑性，通常会使用图表来展示文章的思路和框架。文章的整体和细节、各个层级间的逻辑关系、内容的排列、材料的组合都可以在图表上清晰地看到，让写作者能够高效地运用提纲。在写作篇幅较长的稿件时，常常用到这种形式。

|3| 编写提纲的注意事项

提纲既然对企业公文写作帮助如此大，那么企业公文写作人员在编写提纲的时候应该注意些什么呢？

首先，我们应该从文章的整体出发，由大到小，从文章的主旨大意一步一步延伸到各个分支；其次，提纲的语言一定要具有高度的概括性并且简单、凝练；最后，提纲一定要尽可能详细，拟定前要考虑成熟，能够为内容的起草打下坚实的基础。

2.2

企业公文标题拟写的方法

常言道：看书看皮，看文看题。标题往往是人们阅读文章时第一眼看到的内容。好的标题能使文章光彩照人，能使读者怦然心动。

很多人认为公文的标题不需要文采，只需要按照模板去套即可，其实不然。在工作实践中，很多公文标题的拟定需要我们发挥想象力，力争给出最合适的方案。例如，在写人物通讯稿时，需要根据所写人物的闪光点拟定标题，让人一看就被吸引。我曾经在为一位兢兢业业的老员工写通讯稿时，拟写了这样一个标题：扎根于刚果的 ×× 旗帜（×× 是指企业名称）。

2.2.1　企业公文标题拟写的三大原则

公文标题的拟写非常重要。公文的标题通常会直接揭示行文主旨，受文者一看就能知其要领，产生阅读兴趣。具体来说，公文的标题具有三大价值，如图 2-1 所示。

价值一：提纲挈领，凸显主旨

标题是公文的重要构成要素之一，具有揭示行文主旨、统揽全篇、提纲挈领的重要作用。

价值二：留下记忆点，提升影响力

标题不仅仅具有传达信息的作用，好的标题因其具备独特的美感而让人记忆犹新。用这种令人印象深刻的标题能够扩大公文的传播范围和影响力。

价值三：便于归档，利于查询

这是公文标题的一种特殊价值——实用价值。标题就相当于公文的名字，清晰、明确的标题能够方便企业归档和查询。

图 2-1　公文标题的三大价值

明确公文标题的价值，能让企业公文写作人员转变思路，明白拟好标题的重要性。在拟定标题时，不再草率、随意。

公文标题拟写的三大原则如下所述。

| 1 | 原则一：高度概括、完整无遗

标题是一种概括性极强的文字。高度概括并不意味着可以随意遗漏，公文标题要完整囊括文章中心思想和主要内容。公文标题包含三个基本要素，即发文机关名称、事由和文种。

此前我带过一个新人。他在拟写公文标题时，曾经写过这样的标题《华为××××部表彰决定》，这个标题尽管兼具公文标题的三要素，但在要素之间却缺少连接词，且对事由未做具体说明，应改为《华为公司××××部关于××××表彰的决定》。

还有一种常见的公文标题拟写错误，就是看起来简单，却并未将事情表达清楚。例如《××部门关于设备问题的请示》，这个标题中，没有具体指出是请示关于设备的什么问题，让人摸不着头脑。可以修改为《××部门关于设备申请问题的请示》。

| 2 | 原则二：表意精准、简洁凝练

拟写公文标题时，表意精准是非常重要的，这就要求标题的内容必须准确、集中、不含糊、无歧义。

要想遵循表意精准、简洁凝练的原则，企业公文写作人员就要在拟写标题时，着重把握两组辩证关系：标题形式与内容的辩证关系、标题语言简练与表意精准之间的辩证关系。要做到形式服从于内容、语言简练服从于表意精准，不可为了形式抛弃内容，为了简练抛弃精准。

例如，《××公司关于请求××集团有限公司专项经费用于发展科研项目的请示》这一公文标题给人的第一印象是过长，显得非常啰嗦，这个标题中"××集体有限公司"作为"××公司的"上级单位，系文件主送机关，可不必在标题中赘述。另外，"关于请求××事情的请示"，也存在重复项，所以这个标题可以精简为《××公司关于发展科

研项目的专项经费请示》，会更加干净利落，也不失精准。

| 3 | 原则三：层次清晰、逻辑顺畅

拟写标题需要讲究层次性与逻辑性，而公文标题的层次性或逻辑性错误主要体现以下三个方面。

（1）搭配不当

搭配不当是常见的语病错误，在拟写标题时也有可能出现。例如，《××集团有限公司关于开展××制度的通知》，这个标题中，"开展……制度"就属于搭配不当，应该为"实行……制度"。

（2）语序不当

语序不当主要是层次问题，例如，《关于加强发布企业考勤管理的报告》，这个标题中"加强"不应放在"关于"后面，应当改为《关于发布加强企业考勤管理的报告》。

（3）句式杂糅

句式杂糅主要是指在标题中出现把不同句法结构混杂在一个句子中，造成语句结构混乱、语义纠缠，例如《关于召开××集团有限公司××会议举行的通知》，这里"召开"与"举行"就把两种句法结构混在了一起，应该改为《关于召开××集团有限公司××会议的通知》。

总之，在拟写标题时，要分清性质、轻重、主次，仔细思考每个词语的排列顺序，要做到层次清晰、逻辑顺畅。

花香蝶自来，题好一半文。拟好标题，是让企业公文大放异彩的重要因素。

2.2.2 企业公文标题拟写的基本方法

企业公文的标题可分为固定式和非固定式两类。

| 1 | 固定式标题拟写的方法

固定式标题的写法是一种较为正式、规范的写法，通常应用在行政性公文中。在企业内部重大事项或对外事项中，通常使用这种写法。多

数情况下，固定式企业公文标题的写作公式为"发文部门＋发文事由＋文种"，如《××公司关于建设新办公大楼的请示》。

这种标题写法还可以根据公文内容进行省略，通常情况下，发文部门、发文事由都可以省略，只写文种。也可只省略发文部门，写作公式为"发文事由＋文种"，如《关于处罚××的决定》。

｜2｜非固定式标题拟写的方法

除行政性公文外，其他类型的企业公文几乎都可以不按照固定方法拟写标题。例如在写某项活动的开幕词时，可以直接以此次活动的主题为支点，发散开来拟定一个标题，不必完全按照固定的模式"××活动开幕词"来拟定。

非固定式企业公文标题的拟写，需要写作人员充分利用发散思维，使用更具文采、更吸引人的标题，但不能脱离公文内容、主题。

2.3

企业公文开头的写作

常言道：良好的开端是成功的一半。大家也一定有这样的经历：在收到拟稿对象给定的公文题目之后，总是难以动笔，可一旦开了头，尤其是有了一个好的开头后，写起后面的内容来，便文思泉涌，一气呵成。这体现了公文开头的重要性，公文开头是公文的门面，开头写好了，后续写作自然更加成功。

公文的开头可以采取以下九种方式撰写。

2.3.1 根据式开头

根据式公文开头主要是交代发文的必要性，常常以"根据""依据""按照"等词引入。根据的内容，通常是相关政策或法律法规等。

例如：

公司各部门、项目部：

根据公司年度安全工作安排，××××年××月开展了升降设备专项检查。检查组在××××年×月×日下午对武汉 K4 项目进行检查时，发现 11# 楼施工升降机司机×××在升降机上升过程中，左手操作电梯手柄，右手持手机，低头观看手机视频，对进出轿厢的作业人员视而不见；交班司机×××在操作升降机下行时，启动电梯后，将便携水杯悬挂于电梯操作手柄上，双手环抱于胸前，无视检查人员的劝阻。

2.3.2 目的式开头

在开头交代行文的目的或意图，开宗明义，以便受文机关明确发文机关的意图，一般常用"为""为了"等介词标引。

例如：

公司各部门、项目部：

为认真贯彻落实关于推进《工程质量安全手册》发放及开展××××年"安全生产月"相关活动的要求，进一步提高公司各项目部质量安全管理水平和工人安全意识，夯实安全生产工作思想基础，强化公司安全生产形势持续稳定发展。经公司研究决定，开展公司安全生产月系列活动，现就相关事宜通知如下：

2.3.3 原因式开头

原因式开头是说明发文原因的开头，即在开头讲明制发文件的缘由，以揭示行文的必然性和合理性，还可昭示行文的必要性与重要性。一般用"由于""鉴于"等介词标引。

例如：

鉴于产品销售量的迅速增长，原有的基础设施已无法满足企业发展的需要，企业现决定采购一批基础设施，请公司员工积极发表意见，说明工作中哪些设施是目前比较欠缺的……

2.3.4　引文式开头

指开头先引用文件或领导讲话中的某些句子作为引言或点明主旨。

例如：

现将《企业新员工规章制度》印发给你们，望结合部门和个人的实际情况，认真研究贯彻执行。

2.3.5　时间式开头

开篇点明某事、某情况的时间，可写具体时间，也可用"最近""近来"等模糊度稍大的词，还可用"……之后"句式开头。

如某公司印发《关于做好××××年元旦春节期间有关工作的通知》的开头。

××××年元旦、春节是××××后首个元旦和新春佳节，公司各部门要统筹做好节日期间的各项工作，确保员工度过欢乐祥和的节日。经公司管理层同意，现将有关事项通知如下。

2.3.6　事情式开头

开篇简明扼要地介绍事件或情况，给人以清晰的印象。

例如：

据悉，公司内部有员工在晚上下班离开公司时，没有关闭灯具、空调等电器，造成了公司电费的浪费，也存在一定的安全隐患……

2.3.7　举文式开头

这是批复、转发、批转、印发通知等文种时惯常使用的开头方法。它的特点是先列举所要批复、转发、批转、印发的文件名称（或某时来文、某号文件），紧接着表明态度，或者将举文表态合为一句。

例如：

××部门发来的文件××号收悉，董事会认为××部门提出的意见合理，决定予以采纳。

2.3.8　直述式开头

这是在开头明确指出发文背景及公文所针对的现状，让读者首先明白公文发布的现实出发点。

例如：

近日，××部门员工思想松懈、行为涣散，工作态度不佳。为此……

2.3.9　按语式开头

按语式开头是指在公文开头直接点出公文的核心观点，起到突出、强调的作用，让读者能在第一时间掌握此公文的重要信息。

例如，华为总裁办文件《星光不问赶路人》的开头为："克劳塞维茨在《战争论》中讲过：'伟大的将军们，是在茫茫黑暗中，把自己的心拿出来点燃，用微光照亮队伍前行。'什么叫战略？就是能力要与目标匹配。"

只看这篇公文的标题《星光不问赶路人》，可能难以领会这篇文章的中心思想，但一看开头，就能明白，这篇文章主要在讲述企业战略，讲述能力与目标匹配的重要性。

2.4

企业公文正文内容的写作

企业公文的正文内容令许多写作人员头疼。如何获取有效的素材、如何将公文内容写得扎实而生动，也是很多同事常常会问我的问题。

2.4.1 企业公文写作素材的积累、选择和加工使用

企业公文素材的搜集主要包括两个方面：一方面是日常素材累积；另一方面是临时性材料搜集。日常素材积累能帮助企业公文写作人员打牢基础；临时性材料搜集主要是为了在写作中掌握近期动态、结合时政热点。

在日常工作时，企业公文写作人员接到的公文写作任务很有可能是突发的，而在短时间内，要想迅速查找到符合要求的材料，并非易事。因此，做好日常素材累积工作，能够让企业公文写作人员在收到任务之后迅速厘清思路，明白该如何入手。

根据企业公文写作实践，可将写作素材的来源大致分为以下四类。

|1|业务资料

业务资料是企业公文写作中最基本的素材，即工作中与业务内容相关的素材。这类资料通常是机关或组织内部资料，而公文内容与之息息相关、密不可分。

业务资料的素材主要源于四个渠道，写作人员要善于在工作中挖掘并积累这些素材，让这些素材最终能派上用场。

（1）上级机关的业务资料

在日常工作中，企业公文写作人员常常会接收到上级机关传达的相关信息，这些信息的表现形式和涵盖的范围往往很广。

（2）下级机构的业务资料

企业公文写作人员不仅要了解上级机关传达的信息，还要掌握下级甚至基层机构的相关资料。这些资料更具有实践性和代表性，是写作人员不可或缺的证据性材料。

（3）同级机构的业务资料

单位内其他部门的有关资料，也可以成为企业公文写作人员素材库

中的资料。

（4）专项业务资料

专项业务资料的搜集是指专用于对业务工作相关内容的深度收集和精细梳理。如生产数据、销售数据、人力资源建设相关材料等。

|2| 写作金句

写作金句，通常是指他人优秀公文中的优秀句子，这些句子，能够被人一眼就记住，可用来使整篇文章更加出彩。

判断公文写作中某个句子是否为金句有四个标准：一是，是否能体现思想性，是否是思想的高度凝练；二是，是否是字数相等、音律谐和的整句，是否有节奏感，读起来有气势；三是，是否是观点型句子，有较强的启发感；四是，逻辑是否严密，是不是让人很难找到漏洞。

|3| 领导意图

大多数情况下，企业公文写作人员并不是出于个人意图撰写公文的，常常是帮领导或是其他人拟稿，这时写作人员就要精准把握拟稿对象的意图，降低拟稿不被采纳的概率。

每个人的偏好是不同的，企业公文写作人员既然是为拟稿对象写作，那么就应该长期观察拟稿对象，明白拟稿对象的喜好，才能使公文更符合拟稿对象的要求。

要想准确把握拟稿对象的真实意图，企业公文写作人员可以从以下几个方面入手。

（1）研究拟稿对象的正式讲话

通常企业公文写作人员的拟稿对象都是领导，这些领导经常会在一些正式场合发表讲话。作为公文拟稿者，需要关注领导在不同时期、不同场合的讲话，将领导强调的重点记录下来，方便后续写作工作的开展。

（2）研究拟稿对象对收文的批注和对初稿的改动

最直观地了解拟稿对象意图的方式，就是查看拟稿对象对收文的批注和以往对初稿的改动。从这些批注和改动中，很容易看出拟稿对象的思想。

（3）留意拟稿对象在非正式场合的议论

拟稿对象在一些非正式场合对某些事物的评价或议论，也能展现出他们的思维方式、喜好，如果写作人员能对这些评价加以整理，也能从中窥探出一些拟稿对象看问题的方式。并且，长期坚持这样做，写作人员写公文时的思维就会与拟稿对象趋于一致，不但能够准确领会拟稿对象的意图，甚至可以超出拟稿对象对他们的期待。

（4）研究拟稿对象阅读的资料

人们往往会根据自己的兴趣和面对的问题阅读资料，希望从中获取更多信息。因此，当企业公文写作人员无法精确了解拟稿对象的阅读意图时，可以去看看拟稿对象最近正在阅读的资料，从中发现其目前正在研究的问题。

｜4｜时政热点

时政热点，顾名思义，是指时事政治、热点新闻。

想要了解时政热点，首先企业公文写作人员要明确地知道自己身处网络社会，每天晚上看《新闻联播》，每天工作空闲读读报纸，早已不是常用的搜索时政热点的方式，姑且不说时间是不是真的允许。

我建议大家对日常的热点新闻要做到聚沙成塔、集腋成裘，坚持利用各种碎片化的时间进行，时间久了自然会收获。

目前，企业公文写作人员了解资讯最便捷的方式，是通过网络，可以关注一些官方的微信公众号，例如央视新闻、新闻联播、新华社、新华每日电讯、人民日报、人民日报政文、人民日报评论、光明日报、侠客岛等，上面时常会有大家关注度比较高的新闻。

2.4.2 企业公文正文内容的写法

公文的正文部分常常令人头痛，这种头痛并非来自于内容的对与错，而是无论怎么写，文章都看起非常平淡，很难让人产生代入感。而要想读者与公文产生共情，就需要让正文部分的语言表达做到准确、鲜明、生动、形象。

做到以上要求的最佳方式就是采用修辞手法。公文用语修辞是指根据公文表达的需要，选用最恰当的语言形式去表现所要表达的内容，以增强语言表达的效果。现代汉语中常用的辞格有 20 多种，这些在公文中也可以使用。公文用语常用的修辞方式一般有以下三种。

| 1 | 气势性的修辞

人们在与人交往时，会看重人的气质、风度。在公文写作中，如果一篇文章非常有气势，也会令人印象深刻。企业公文写作人员要把胸中蕴藏的意思转化为文字上的气势。

气势是一篇公文的精神支柱，能够在让公文具有排山倒海的气势，无论是在道理上还是感情上，都能够让人感到无法辩驳，有气势的公文比较容易出彩。

通常情况下，宣传稿、声明或是重大问题的指示、通知，可以使用排比、顶真、对偶等使文章更有气势。

| 2 | 完整性的修辞

企业公文是企业管理的重要工具，最重要的特性是实事求是。这一特殊性质决定了企业公文的用语必须坚持对立统一的完整性，即在阐述正确观点、正确思想、成功做法、规范行为的同时，还要指出什么是错误观点、错误思想、失败做法与不合规的行为。

把正反两个事物放在一起对比交代，也是企业管理的客观需要。因为企业管理的内容本身就存在着相互对立的矛盾，对比交代就是把这样一对矛盾突出在人们面前，有利于促进公文用语的准确性，防止出现大的偏差，增强人们对事物的全面理解与认识。

| 3 | 生动性的修辞

公文虽然不是文学作品，但同样需要讲求形象生动。生动的语言有利于增强公文的可读性，加深阅者的理解，有利于贯彻执行。

公文的生动性主要来自修辞的恰当，即对比喻、讽喻、借代、反语、析词、析字等辞格的正确和灵活运用。

例如，公文中常以"老黄牛"比喻任劳任怨、埋头苦干的工作精神；以"老虎"比喻大人物或重要事情，以"苍蝇"比喻小人物、小事情；以"大锅饭"比喻平均主义；以"两手抓"比喻两件工作并重，同时开展；等等。

还有一些常见的谚语、俗语，如果恰当地运用到公文写作中，也能极大地提高公文的生动性。如"按下葫芦浮起瓢""八字没见一撇""做一天和尚撞一天钟""搬起石头砸自己的脚""饱汉不知饿汉饥""病急乱投医"等。

2.5

企业公文结尾的写作

很多人在撰写公文时，对开头和正文内容比较看重，结尾就草草了事。如此一来，整篇公文会显得头重脚轻，失去美感。

事实上，公文的结尾同样重要，把握好公文结尾的写作，能够让整篇公文的价值观念得到升华。

2.5.1 企业公文结尾的六大类型

常用的企业公文结尾主要有以下六种。

|1| 理思路型结尾

就某项工作如何抓、重点在哪里、关键环节如何把握等问题，进行撮要与梳理，帮助厘清思路，促进工作落实。如下文。

通过此次会议，我们明确了三个发展方向：第一、……；第二、……；第三、……

| 2 | 定目标型结尾

在文章结尾处清晰地指明目标方向，以号召的口吻举旗呐喊，促进听众响应，共同行动。如下文。

本次活动顺利结束，接下来，我们应当……

| 3 | 表态度型结尾

这类结尾通常用于工作报告、表态发言、公开承诺等公文中，要求目标清晰、做法具体，态度诚恳、语气坚决，气势宏大。如下文。

今后，我将继续团结同事，不断发挥主观能动性，积极进取，争取一年销售额达到 100 万元人民币！

| 4 | 激斗志型结尾

这是很多公文常用结尾方式。通常采用肯定、鼓励、激励的方式，激起听众的士气与斗志，鼓励大家携手同心，齐力为实现既定目标而努力奋斗。如下文。

同志们，××××年，公司在改革谋划上占据了制高点，在改革部署上把握了结合点，在改革推进上选准了切入点，成效显著，可圈可点，很好地实现了关键之年要有关键作为的目标要求，走在了行业前列，发挥了示范作用。每位员工都发挥了重要的作用，希望明年能够继续保持，让我们为了达成新的目而奋斗！

| 5 | 展未来型结尾

展望未来，描绘蓝图，这是领导讲话结尾常用技巧，目的是凝聚人心，聚焦共识。如下文。

目前，×××的市场非常广阔，用户群体巨大，这给我们公司的发展带来了契机，机会在这里，我们就要把握住，迎头而上，公司未来的发展势头将会一片良好！

| 6 | 提期望型结尾

根据讲话主题，提出切实可行的要求，目的是促进会议精神落实，稳步推进工作，圆满完成任务，顺利实现目标。如下文。

各位员工！过去皆为序章，未来无限希望。新的一年，蓝图已定、目标已清、任务已明，关键在于狠抓落实，关键在于干，"干"字当头、"实"字托底，干是本份、更是职责。我们不要害怕、不要担心，企业是你们坚实的后盾，你们只需勇往直前、不断冲刺！

这些公文的结尾都有一个共同的特点，就是将公文的主旨进行了升华，让整篇公文更具有气势。

2.5.2 企业公文用印的基本要求

一些企业公文如行政性公文、规章制度类公文等，为了体现其法律效力或行文的严肃性，落款必须用印，且用印需严格按照相关要求执行。

公文加盖发文单位公章，能够证实公文的信用，防止被冒用，还能表示发文单位对此公文的内容负责，拥有解释权。

| 1 | 印章要求

国有企业的公章（包括公司章、部门章）一律为圆形，直径为4.2cm，中央一律刊五角星，星尖直径为1.4cm（印章上五角星尖与非相邻星尖之间的距离），圆边宽为0.12cm，五角星外刊单位名称，自左而右环行，或者名称的前段自左而右环行、后段自左而右横行（见图2-2），即单位部门名称放在星下方作横排，印文字体使用简化的宋体。

专用章一律为圆形，直径为4.0cm，圆边宽为0.1cm，上弧为单位名称，自左而右环行，专用章内容放在章的下边作横排，印

图2-2 印章样式

文字体使用简化的宋体。

公章最好使用铜、不锈钢、牛角或木头等材质制作，因为如需在银行开设对公账户时，红胶、光敏印等属偏软材质的，银行不予备案，无法完成留印鉴的程序。

|2|盖印方式

企业公文的盖印方式主要有两种，即下套盖印方式和中套盖印方式。

（1）下套盖印方式

下套盖印方式是指将印章下弧线压在公文成文日期上。此方式适用于带有国徽或图案、下弧没有文字的印章。使用下套盖印方式既可以完整呈现国徽或图案，也可以防止国徽或图案或文字压住成文日期而使成文日期难以辨认，如图2-3所示。

（2）中套盖印方式

采用中套盖印方式要求把印章中心线压在公文成文日期上。此方式适用于下弧有文字的业务主管部门的印章。使用中套盖印方式可以避免文字压住成文日期而使其难以辨认，如图2-4所示。

图2-3　下套盖印方式示意　　　　图2-4　中套盖印方式示意

|3|印章位置

当发文机关只有一个时，印章应端正、居中下压发文机关的署名和成文日期，使发文机关的署名和成文日期居印章中心偏下的位置。印章顶端应与上文保持一行左右的距离，如图 2-5 所示。

当多个机关联合发文时，一般将各发文机关单位名称按照发文机关排序整齐排列在相应位置，并将印章与之一一对应，端正、居中下压发文单位名称，每排最多盖 3 个印章。最后一个印章要端正、居中下压发文单位名称和成文日期。印章须排列整齐，互不相交或相切，每排印章两端不得超过版心，如图 2-6 所示。

图 2-5　单个印章位置示意

图 2-6　多个印章位置示意

值得注意的是，为了避免不法分子伪造公文，印章和正文必须同处一面。当公文内容过多，所剩空白处不能容下印章时，可以采取调整行距、字距的措施加以解决。

第二部分

实战应用篇

企业公文的写作方法与范例学习

第 3 章

企业行政性公文的写作方法与范例

行政性公文是企业公文写作中最常用的公文类型。行政性公文的文体使用、语言表达、格式规范等方面的要求也最为严格。企业常用的行政性公文包括通知、通报、通告、报告、决定、请示、批复、函等。

3.1

通知

企业公文写作人员经常会接到领导布置的写"通知"的工作任务。

领导：小张，发一个放假通知。

在企业日常的经营活动中，放假、任免等通知是行政性公文写作里最简单的类型。但在现实中，许多初入职场的公文写作"小白"都会在简单的通知写作上"栽跟头"。因为一个看似简单的通知，写作起来也要遵循基本的写作要点、格式和标准。所以企业公文写作"小白"一般通过写通知来进行企业公文写作的实践，积累写公文的"第一桶金"。

学习企业公文写作，要从学习写"通知"开始。

3.1.1 通知的类型和特点

从字面上看，"通知"就是通达而知晓的意思。企业通知，一般由企业上级部门用于发布、传达、批转、转发信息等，要求下级机关执行、知晓。在企业公文中，通知属于一种知照性公文。

|1| 通知的类型

企业通知的种类比较多，根据适用范围的不同，主要可以分为六大类，如图 3-1 所示。

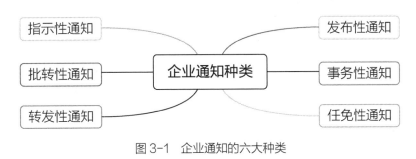

图 3-1 企业通知的六大种类

| 2 | 通知的特点

一般而言，企业通知具有高频性、广泛性、权威性和时效性四个特点。

（1）高频性

从使用频率来看，通知是企业在日常经营活动中发文数量最多、使用频率最高的公文形式之一。

（2）广泛性

从用途来看，企业通知的功能很多，使用范围广泛。企业通知的主要使用范围如图 3-2 所示。

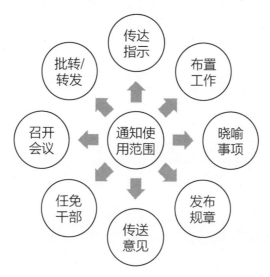

图 3-2　企业通知的主要使用范围和功能用途

（3）权威性

从发文类型来看，企业通知是"下行文"，是自上而下发布的，带有指示性或指导性。通知不可用于上行文。企业通知一经发布，无特殊情况，受文单位或人员必须按照通知要求，严格加以落实。

（4）时效性

从时效性来看，企业通知的事项一般是要求立即知晓、执行或办理的，不能拖延。有的通知只在指定的一段时期内有效，特别是会议通知，过期之后就失去了效力。

不同类型的通知的写作，既要遵循企业通知的基础写作范式和格式，又有各自的写作要点。企业公文写作人员要想成为企业的"笔杆子"，首先需要掌握企业通知的基础写作要点和范式，只有把马步扎稳了，才能更进一步掌握企业各个类型公文的写作窍门。

3.1.2　通知的基础写作范式和格式

在日常的企业公文写作中，根据实际情况的不同，通知的写法有很多种。下面介绍通知类公文的基础写作范式、格式要求和注意事项。

|1|通知的基础写作范式

通知主要由标题、正文和落款三部分组成。

（1）标题

通知的标题主要有以下三种写作方式。

① 完全式标题

完全式标题的写作公式为"发文单位全称＋关于＋通知事项＋通知"。这是一种较为正式、规范的标题拟写法。比如，《××企业关于做好国庆期间安全工作的通知》。

② 省略式标题

省略式标题的写作公式为"关于＋通知事项＋通知"。在企业内部行文，可以省略发文单位。如《关于做好国庆期间安全工作的通知》。

③ 简单式标题

简单式标题只写"通知"两字。内容简单的企业通知可以同时省略发文单位和事项，直接以《通知》为标题。

以上三种通知标题的写作方式在日常工作中使用范围有所不同。企业正式类通知，比如指示性通知、任免性通知一般使用第一种。企业事务性通知，比如会议通知、放假通知等一般使用第二种或第三种。

需要特别注意的是，如果企业通知的内容重要或者紧急，可在标题中加"重要"或"紧急"两字，写成"重要通知"或"紧急通知"。

（2）正文

企业通知正文的内容一般分为主送单位、发文事由、通知事项、结语四部分，如图 3-3 所示。

图 3-3　企业通知正文的写作公式

① 主送单位

主送单位指受文单位名称。企业通知的"主送单位"写作方式有三种。

一是某一或若干单位、组织或个人，直接写明单位、组织名称或姓名，多个单位之间用顿号间隔，最后一个单位或组织名称或姓名之后以冒号结束。如"公司销售部、运营部："。

二是发给企业全体人员的普发性通知，一般用"公司各部门"或"公司全体人员"，后面写冒号结束。如"公司各部门："。

三是如果是事项简短、内容单一的通知，也可省略主送单位。

② 发文事由

要求开门见山，条理清晰。通知类公文篇幅不会太长，但基本的要素还是必不可少的。通知缘由要概括情况，交代背景，说明目的，也可陈述理由，指出依据。可用"现通知如下："等语句过渡到通知事项。

③ 通知事项

写作要求语言简要，事项要具体清晰。需要告知要求遵守或执行的内容。发文通知一般只有这个部分，其格式一般为"×××同意×××《××××××××的意见》，现转发给你们，请遵照执行"，然后以附件形式附上同意的文件，或直接在成文日期后面附上文件内容。

④ 结语

提出相关要求或希望，最后可以用"特此通知"等习惯用语收尾。

企业通知正文的写作在语言上必须是庄重、平实的。要想提高通知写作的语言运用水平，必须符合图 3-4 所示的 4 个标准。

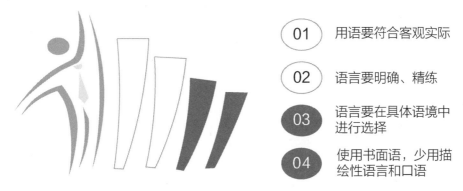

01	用语要符合客观实际
02	语言要明确、精练
03	语言要在具体语境中进行选择
04	使用书面语，少用描绘性语言和口语

图 3-4　企业通知正文写作在语言上须符合的 4 个标准

（3）落款

企业通知收尾时要明确发文单位，如果是联合发文，可根据通知内容负责程度的主次或者行文单位的习惯性排列顺序进行逐一明确。最后标上发文日期、加盖企业单位公章即可。

企业发文单位一般要写全称，比如"北京 ×× 有限公司"，不能写"×× 公司"。发文日期的写作方式一般为"×××× 年 × 月 × 日"。需要注意的是，一些通知发布的时间是有要求的，比如关于 2020 年国庆放假的通知，其发文时间应该在 2020 年 10 月 1 日之前。

│2│企业通知的基础格式范本

企业通知在格式上不如党政机关通知要求标准、严苛，但也有基本的格式范本。

（1）企业通知的格式范本

> **单位名称+关于+通知事项+的通知（二号小标宋体）**
> 主送单位：（标题下一行顶格，三号仿宋）
> 　　发文事由＋通知事项＋结语。（收文机关下一行空两格，三号仿宋）
> 　　通知事项：写明具体通知内容，分条书写，表明序号。（三号仿宋）
> 　　附件：1. ××××（正文下一行空两格）

2. ××××

发文单位（右对齐，三号仿宋）

2020 年 9 月 30 日（右对齐，用阿拉伯数字）

（2）企业通知的格式说明

① 标题

企业通知的标题一般用二号小标宋体字，分一行或多行居中分布。换行时，要做到词意完整，排列对称，长短适宜，间距恰当，标题排列的整体形状应当呈梯形或菱形。

② 正文

企业通知的正文一般用三号仿宋体字，每个自然段首行左空二字，换行顶格。以序号 1 为例，文中结构层级序号依次用"一""（一）""1""（1）"标注。一般第一层级用黑体字，第二层级用楷体字，第三层级和第四层级用仿宋体字标注。

③ 附件

如果有附件，在正文下空一行空两格编排"附件"二字，后标全角冒号和附件名称。如有多个附件，使用阿拉伯数字标注附件顺序号（如"附件：1.××××"）；如只有一个附件，则不能在附件名称前标注序号。附件名称后不加标点符号。附件名称较长需换行时，应当与上一行附件名称的首字对齐。

④ 发文单位署名

企业发通知时，在正文（或附件说明）下空一行右空二字编排发文单位署名，在发文单位署名下一行编排发文日期，首字比发文单位署名首字右移二字，如成文日期长于发文单位署名，应当使成文日期右空二字编排，并相应增加发文单位署名右空字数。

⑤ 发文日期中的数字

成文日期中的数字：用阿拉伯数字将年、月、日标全，年份应标全称，月、日不编虚位（即 1 不编为 01）。

以上就是企业通知的基础写作范式及格式范本。在实践中，因为企业并不像政府机关一样必须严格按照《党政机关公文格式》国家标准（GB/T 9704—2012）编写，所以大多数企业会根据自己的情况有所改变。

相比其他企业公文的写作，通知类公文在内容写作和格式要求上都相对简单。企业公文写作人员掌握了这些要素，举一反三，写好通知类公文不是难题。

3.1.3 指示性通知的写作要点、模板、范例

指示性通知是企业上级部门指示下级如何开展工作的通知。此类通知的内容具有指示性或指导性，要求下级部门或人员贯彻落实。企业的指示性通知主要用于对重要工作、重大问题陈述方针政策，提出工作原则。

企业的指示性通知使用起来比较灵活、自由，既没有"命令"的诸多手续，也没有"指示"的抽象、宏观，更没有"决定"的严肃、庄重，但其效力是一样的，都是要贯彻执行的。

|1| 指示性通知的写作要点

企业的指示性通知一般由标题、正文和落款三部分组成。标题和落款与通知的基础写作范式一样，公文写作人员需要注意指示性通知的正文写作。

指示性通知的正文内容写作公式如图 3-5 所示。提出问题部分和分析问题部分写清发文原因或目的，用"特通知如下"承接下文。解决问题部分分列要通知的具体事项。对于具体问题的处理，要提出处理问题的原则、具体措施、办法等。

图 3-5 指示性通知的正文内容写作公式

企业公文写作人员在拟写指示性通知时，有三个注意事项：一是条

理清楚；二是指示性通知内容带有指令性或规定性，用语要严肃庄重，语气坚定，不容置疑；三是指示性通知一般不单独结尾，正文写完，自然结束。

|2| 指示性通知的写作模板

表3-1所示为指示性通知的写作模板。

表3-1　指示性通知的写作模板

标题	关于××××（指示的事项）的通知
主送单位	公司全体人员
正文	近来，××××（从正反两方面分析面临的外部环境和内部存在的问题）。×××（指出解决问题的重要性、必要性和紧迫性）。为了××××（目的主旨），根据××××（依据），××××（拟采取措施），现就有关事项通知如下： 一、××××。 二、××××。 三、××××。 ……（通知的具体内容）。 ××××（提出落实通知精神的要求）。
落款	××××有限公司 ××××年×月×日

|3| 指示性通知的写作范例

××公司关于开展安全生产竞赛活动的通知

各分公司、各部门：

近半年以来，公司已发生多起安全生产事故，造成三人重伤，财产损失逾百万元，教训极为沉痛。为提高全体员工安全生产意识，杜绝类似事故发生，总公司现就开展安全生产竞赛活动事项通知如下：

一、经公司研究，决定自2020年10月8日至11月7日在公司所有生产单位开展为期一个月的安全生产竞赛活动。

二、各单位领导要高度重视此次活动，指定主要领导专人负责此项工作，在一个月内，开展全面的安全隐患自查。

三、各单位在活动开展前，应向总公司生产部门提交书面的具体开展计划，该计划将成为公司评比安全生产先进单位的重要衡量标准。

四、公司对于在此期间发生安全事故的单位要进行通报批评，并视情节轻重追究相关领导责任，绝不姑息。

五、活动结束后，各单位要及时总结经验，吸取教训，对表现突出的部门和个人应予以表彰。

×× 公司（公章）

××××年×月×日

3.1.4 批转性通知的写作要点、模板、范例

批转是指批准、转发，带有指示性和指导性。批转性通知是企业上级部门转发下级部门公文时使用，如下级部门的总结、报告等对全公司有指导意义，批转后有助于推动工作发展。下级部门的建议、意见，经过上级部门转发后，就代表了上级部门的意见，具有了效力。比如《总裁办批转战略部关于 2020 年战略布置的通知》。

| 1 | 批转性通知的写作要点

批转性通知发文的重点不是"通知"本身，而是被批转的公文。就标题而言，批转性通知常用的标题写作公式：发文单位 + "批转" 原发文单位 + 事由 + 文种。这样可以清楚交代谁来批转、谁的文件、什么事由以及什么文种被批转，便于受文单位迅速知晓。

批转性通知的正文内容一般较少，需把握三点：一是对批转的文件提出意见，表明态度，如"同意""原则同意""要认真贯彻执行""望遵照执行""参照执行"等；二是写明批转文件的目的和意义；三是提出希望和要求。最后写明发文日期。

批转性通知标题太长怎么办？

由于批转性通知的标题中要标明被批转的文件标题，有可能会因为批转的文件是联合行文，单位名称较多，或被批转的文件名称较长，又或者是批转的次数较多，最终都导致批转性通知的标题过长。此时可针

对不同的情况采取不同的措施来简化标题。如单位过多，可在主办机关名称后加"等部门和单位"来进行简化。比如文件名称过长，可使用发文字号代替名称来简化等。

企业公文写作人员需要特别注意的是，在批转性通知和转发性通知中，当其内容不是法规性文件时，一般不加书名号。另外，在"批转"（转发）二字与被批转文件的发文单位之间不再使用"关于"等介词，以免介词重叠。比如：

《×××公司批转行政部＜关于进一步加强办公室安全管理意见＞的通知》（误）

《×××公司批转关于行政部关于进一步加强办公室安全管理意见的通知》（误）

《×××公司批转行政部关于进一步加强办公室安全管理意见的通知》（正）

|2| 批转性通知的写作模板

表 3-2 所示为批转性通知的写作模板。

表 3-2　批转性通知的写作模板

标题	×××批转×××关于×××××的通知
主送单位	公司全体人员：
正文	为了××××（目的），现将××××（转文单位）的×××（被批转的文件名）转发给你们，请认真贯彻执行。 附件：××××（被批转的文件）
落款	××××有限公司 ××××年×月×日

|3| 批转性通知的写作范例

集团总裁办批转行政部关于2020年企业文化建设工作意见的通知

各分公司、各部门：

为了加强集团公司的企业文化建设，现将行政部的《2020 年企业文化建设工作意见》转发给你们，请认真贯彻执行。

附件：2020年企业文化建设工作意见

××公司（公章）

××××年×月×日

3.1.5　转发性通知的写作要点、模板、范例

转发性通知是企业上级部门把现有的文件转发给下级部门或人员，使其了解与执行的公文文种。比如，转发统计局《关于辖区内高新技术企业上报技能型人才状况统计表的通知》。

批转与转发的区别在于，"批"字有批示、批准的意思，只能对下级使用，对上级单位或不相隶属单位的公文则无权批转，只能转发。换句话说，使用批转方式，只能是上级单位对下级单位使用；使用转发方式，可以是上级单位对下级单位使用，可以是下级单位对上级单位使用，也可是对不相隶属单位使用。

|1| 转发性通知的写作要点

转发性通知一般由标题、正文和落款三部分组成。落款与通知的基础写作范式一样，企业公文写作人员需要注意转发性通知的标题与正文写作。

（1）标题

转发性通知的标题写作公式：发文单位＋"转发"原发文单位＋事由＋文种。这样可以清楚交代谁来批转，谁的文件、什么事由以及什么文种被批转，便于受文单位迅速知晓。比如，《×××（发文部门名称）关于转发××××规定（或意见、报告等）的通知》。

行政机关的批示性通知的标题，批转、转发的公文除法规性公文外，不用书名号。

（2）正文

转发性通知与批转性通知的写法大致相似，但效力并没有批转性通知强。对于转发性通知来说，可以把转发性通知称为"批语"，把被发布、转发的文件看作通知的主体内容。批语表明发文单位的态度，提出

贯彻执行的要求，一般起提示的作用。

| 2 | 转发性通知的写作模板

表3-3所示为转发性通知的写作模板。

表3-3　转发性通知的写作模板

标题	×××关于转发×××××的通知
主送单位	公司全体人员：
正文	为了××××（目的），现将××××（上级单位或有关业务主管部门）《××××》（文号）转发给你们，请结合实际，认真贯彻执行。××××××××××××××××××（具体贯彻意见）。
落款	××××有限公司 ××××年×月×日

| 3 | 转发性通知的写作范例

**转发市统计局关于辖区内高新技术企业
上报技能型人才状况统计报表的通知**

各分公司：

现将市统计局"关于辖区内高新技术企业上报技能型人才状况统计报表的通知"转发给你们，请认真学习文件精神，按规定要求，实事求是填写各项内容。分公司报表务必在8月10日前上报总公司总裁办。

附件：××市统计局关于辖区内高新技术企业上报技能型人才状况统计报表的通知

×××× 公司（公章）
×××× 年×月×日

3.1.6　发布性通知的写作要点、模板、范例

发布性通知用于企业发布行政规章制度、意见、办法等，告知具体事项，提出指导性意见。比如，《×××公司关于发布办公室制度的通知》。

|1| 发布性通知的写作要点

发布性通知与批转性、转发性两种通知既有共性，又有区别。

共性是三者都是对现成的的文件做出处理，即在现有的文件之上加通知，然后发给下级部门。

区别是批转性、转发性两种通知都是下转其他部门制发的文件，而发布性通知所发布的大多是本企业用非法定公文文种制发的规范性、计划性等文件。如果发布的是已经发布过的文件，则必须说明新文件何时实施，旧文件同时废止。

发布性通知可以用一段话交代发布的对象、实施时间、同时废止的对象，然后附加相应的发布对象的具体内容。这种典型的结构可以适用于多种文种，发布令、政策性公告等都属于这种结构。

|2| 发布性通知的写作模板

表 3-4 所示为发布性通知的写作模板。

表 3-4 发布性通知的写作模板

标题	关于成立×××××（机构或部门）的通知
主送单位	公司全体人员：
正文	为了××××（目的），根据××××（依据），决定成立××××（机构），负责××××工作。现将有关事项通知如下： 一、××××（机构）的领导和人员组成。 二、××××（机构）的主要职责。 三、××××（其他需要说明的事项）。
落款	××××有限公司 ××××年×月×日

|3| 发布性通知的写作范例

关于印发××××公司中层以下领导竞聘上岗实施办法的通知

公司各部门：

鉴于一年来在部分部门实行中层以下经理人员通过竞聘上岗的试点工作，取得良好效果，现将《××××公司中层以下领导竞聘上岗实施办法》印发给你们，请认真贯彻执行。在执行过程中遇到的问题请及时上报公司人力资源部。

附件1：××××公司中层以下领导竞聘上岗实施办法

附件2：中层以下领导竞聘上岗实施办法问题反馈表

××公司（公章）

××××年×月×日

事务性通知用于企业发布日常工作中需要全体员工或特定范围员工知晓的事情，常把有关信息或者要求以通知的形式传达给有关机构或人员。比较常见的事务性通知有会议通知、放假通知等。

|1| 事务性通知的写作要点

事务性通知一般由标题、正文和落款三部分组成。标题和落款的基础写作范式与通知一样，企业公文写作人员需要注意的是正文部分的写作。

企业事务性通知的正文通常采用"直述式写法"。所谓"直述式写法"，就是在开头概述实际情况，交代发文背景，指出发文依据，说明发文目的，然后一般以一句"现就有关问题通知如下"引出下文。事项部分可以通过分条列项的形式具体叙述通知的内容，保证条理清晰、布置具体。

在企业事务性通知的类型里，会议通知和放假通知的应用最为广泛。下面着重介绍一下会议通知和放假通知的写作要点。

会议通知和放假通知是告知有关部门或个人参加会议或放假的通知。企业公文写作人员在拟写会议通知和放假通知时，需要注意以下四个事项。

一是会议通知里的会议名称不需加引号。确定会议的名称有两种方法。一种是根据会议的内容确定会议名称，比如，2020年企业战略会议。另一种是根据参加会议人员确定会议名称，比如，2020年10月管理者会议。

二是会议通知的正文内容一般应具备 13 个要素，即决定召开会议的单位、会名、会议时间、会议地点、会议内容、参加会议人员、参加人数、会议时间、会议地点、联系人、联系电话、与会人员需带的材料及其他有关要求（比如，座位号、限带车辆与人员）等。这些内容必须一一写清楚，不能有遗漏，否则就会有疑点，不便于执行。

三是企业会议和放假通知一般以企业的名义发文，起首语要写明"经××同意"或"××定于"或"××决定"等授权发文的固定用语，同时也说明了决定召开会议或放假的单位。

四是企业会议和放假通知的文字要简练。比如，批准开会的单位、开会的时间与日期、地点、会名，一句话就可以写清楚，不要分一、二、三来陈述。

| 2 | 事务性通知的写作模板

以会议通知为例，表 3-5 所示为会议通知的写作模板。

表 3-5　会议通知的写作模板

标题	关于召开 ×××× 会议的通知
主送单位	公司全体人员：
正文	为了××××（目的），根据××××（依据），××××（主办单位）决定于××××年×月×日在××××（地点）召开××××会议。现将有关事项通知如下。 　　一、会议内容：×××××。 　　二、参会人员：×××××。 　　三、会议时间、地点：×××××。 　　四、其他事项： 　　（一）请与会人员持会议通知到××××报到，×××××（住宿费用安排）； 　　（二）请将会议回执于××××年×月×日前传真至××××（会议主办或承办单位）； 　　（三）联系人及电话：×××××××××。 　　附件：1. 会议地点和交通路线示意图 　　　　　2. 参会人员回执
落款	××××有限公司 ××××年×月×日

××集团公司关于召开2019年度总结表彰大会的通知

集团公司所属各单位、各部门：

为总结 2019 年工作，表彰先进，部署 2020 年工作，经集团党委研究，决定于 2020 年 1 月 23 日召开集团公司 2019 年度总结表彰大会。现通知如下。

一、时间：2020 年 1 月 23 日（周四）上午 9 时，会期半天。

二、地点：集团大会议室。

三、参加对象：集团所属单位中层以上干部、职工代表、机关全体干部、2019 年度集团各类先进代表。（详见名额分配表。）

四、会议议程

1. 集团党委副书记、总经理 ×× 作工作报告。

2. 集团副总经理 ××× 宣读集团党政工团表彰决定。

3. 各类先进集体和企业优秀管理者、模范职工、优秀科技工作者颁奖。

4. 先进集体及先进个人代表发言。

5. 集团党委书记、董事长 ××× 讲话。

五、注意事项

1. 参会人员请提前 10 分钟进入会场就位。其中：获 2019 年度集团党政先进集体、先进部室、工团先进集体，以及安全、行风、工程、财务建设先进集体的各单位、部室上台领奖代表，企业优秀管理者、模范职工、优秀科技工作者，请提前 15 分钟到达会场并在前排指定位置就座。

2. 全体参会人员统一着集团制发的正装，会议期间请自觉将手机调至振动模式。

3. 各单位办公室主任负责抓好本单位参会人员到位率及会场纪律，并要求尽量拼车参会。

4. 企业优秀管理者、模范职工、优秀科技工作者会后请留下合影。

附件：集团公司 2019 年度总结表彰大会名额分配

×× 集团公司

2019 年 12 月 13 日

3.1.8 任免性通知的写作要点、模板、范例

任免性通知用于通知企业人员的任命或免职。比如，《关于 ×××
的人事任免通知》。

| 1 | 任免性通知的写作要点

任免性通知一般由标题、正文和落款三部分组成。落款与通知的基础
写作范式一样，企业公文写作人员需要注意任免性通知的标题与正文写作。

任免性通知的标题中要有"任免"二字。只有任命事项没有免职事
项的，只写"任命通知"。只有免职没有任命的，只写"免职通知"。

企业任免性通知的正文写作一般简明扼要，仅需要写明任免的依据
和时间、岗位职务、人员即可。

| 2 | 任免性通知的写作模板

表 3-6 所示为任免性通知的写作模板。

表 3-6 任免性通知的写作模板

标题	关于 ××× 等同志职务任免的通知
主送单位	公司全体人员：
正文	经××××研究，决定： 任命×××同志为××××（职务）； 任命×××同志为××××（职务）； 免去×××同志的××××（职务）。 以上人员任职期限自××××起至××××止。 特此通知。
落款	××××有限公司 ××××年×月×日

|3| 任免性通知的写作范例

××科技股份有限公司人事任免通知

公司各部门、各分公司：

公司研究决定：

任命梁××同志为总公司战略发展部部长，同时免去梁××同志A省分公司总经理职务；

任命赵××同志为公司A省分公司总经理职务，全面主持经营工作。

××公司（公章）

××××年×月×日

3.2

通报

通报在企业内部的适用场景很多，例如：销售部门本月销售业绩有所突破，需要表扬时；员工泄露公司机密，需要进行处罚和批评时；一个季度结束，企业告知成员本季度工作情况时……

3.2.1　通报的类型和特点

通报一般是企业上级部门对下级部门发布的，主要用于表扬好人好事、批评错误和歪风邪气、公布应引以为戒的恶性事故、传达重要情况以及企业内部人员需要知晓的事项等。

|1| 通报的类型

根据通报内容的不同，可将通报分为3种类型，即表彰性通报、批评性通报和情况类通报，如图 3-6 所示。

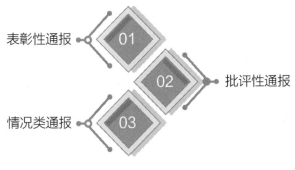

图 3-6 通报的 3 种类型

|2|通报的特点

通报的作用决定了其具有客观事实性、晓谕性和教育性 3 个特点。

（1）客观事实性

通报用来对企业内部发生的事件或情况进行事实陈述，重在叙述事实，让企业内部成员了解事实真相。

（2）晓谕性

通报的目的具有明显的晓谕性。表彰性通报的目的是告知有关单位和人员，有谁因何事受到了表彰，以表扬激励先进，号召学习先进；批评性通报的目的则是让人们知道错误，认识错误，吸取教训，改正错误，引以为戒；情况类通报的目的是让人们了解通报的事项。

（3）教育性

通报肩负着特殊使命，在叙述事实的同时，要做到寓理于事、以事明理，对企业内部成员起到示范、指导、教育和警戒作用，具有一定的教育意义。

通报事件需要具有典型性或代表意义，能让企业员工都能从中获益，才能将通报的教育意义发挥到最大化。

了解通报的类型和特点，是通报写作的基础，能使企业公文写作人员在进行通报写作时更加得心应手。

通报在企业日常公文写作实践中使用较多，虽然不同类型的通报写作方法有所差异，但基础写作范式和格式是一致的。

|1| 通报的基础写作范式

通报主要由标题、正文和落款三个部分组成。

（1）标题

通报的标题写作方式主要有以下三种。

① 完全式标题

完全式通报标题的写作公式为 "发文单位全称 + 关于 + 被表彰、被批评的对象" 或 "通报事件 + 通报" 构成，是通报内容的完整表达。比如，《×× 企业关于表彰研发部员工王 ×× 研发出 ×× 芯片的通报》。

② 省略式标题

由于通报只在企业内部发布，因此有时企业公文写作人员会约定俗成地省略发文单位全称，省略式通报标题的写作公式为 "关于 + 被表彰、被批评的对象或通报事件 + 通报"。比如，《关于表彰研发部员工王 ×× 研发出 ×× 芯片的通报》。

③ 简单式标题

简单式通报标题的写作公式为 "发文单位全称 + 通报"，或只写 "通报" 二字，重要信息需要企业员工在正文中获取。比如，《×× 企业通报》或《通报》。

（2）正文

企业通报正文的内容一般分为主送单位、通报事项、事项评价、通报结尾四部分，如图 3-7 所示。

① 主送单位

主送单位指受文单位名称。企业通报的 "主送单位" 写作方式有三种。

一是某一或若干单位、组织或个人，直接写明单位、组织名称或姓名，多个单位之间用顿号间隔，最后一个单位或组织名称或姓名之后写冒号结束。例如，"公司销售部、运营部："。

二是发给企业全体人员的普发性通报，一般用"公司各部门"或"公司全体人员"，后面写冒号结束。比如，"公司各部门："。

三是在本单位内部公开张贴的通报，可省略主送单位。

图 3-7　通报正文的写作公式

② 通报事项

通报事项需要写明通报事项发生的时间、地点、人物及事件等具体要素，描述要真实客观、具体清晰，不可随意夸大。通报事项需要具有典型性和代表性，能起到普遍的鼓励、教育与惩戒作用。通报事项要具有时效性，时过境迁的内容要避免采用。

③ 事项评价

对通报事项的评价要恰如其分，态度鲜明，分析中肯，用语把握分寸，语言简洁、庄重。

④ 通报结尾

结合通报事项对主送单位发出号召、提出希望或要求，最后可加上"特此通报"四字表示正文结束。

（3）落款

通知的落款处要注明发文单位与发文日期，并加盖发文单位公章，印章位置应该上不压正文，下压日期。发文单位如果是两家以上，顺序排列应该有主有次，先主后次。

│ 2 │ **通报的基础格式范本**

通报内容虽然不尽相同，但在写作格式上是一致的，与企业通知的格式要求相仿。

（1）通报的格式范本

单位名称+关于+通报事项+的通报（二号小标宋体）

主送单位：（标题下一行顶格，三号仿宋）

　　通报事项+事项评价+通报结尾。（主送单位下一行空两格，三号仿宋）

　　附件：××××（正文下一行空两格）

发文单位（右对齐，三号仿宋）

2020 年 9 月 30 日（右对齐，用阿拉伯数字）

（2）通报的格式说明

通报的格式与通知一致，在此不赘述。

3.2.3　表彰性通报的写作要点、模板、范例

　　表彰性通报是企业表彰先进个人或先进组织、团队的通报。此类通报主要用于教育、引导企业员工学习和赶超先进典型，着重介绍个人或组织、团队的先进事迹，点明实质，提出希望、要求，然后发出学习的号召。

│1│表彰性通报的写作要点

　　表彰性通报主要分为标题、正文和落款，标题和落款部分参照前述通报的基础写作范式和格式即可。

　　表彰性通报的正文可细分为 4 个部分，如图 3-8 所示。

　　表彰性通报首先应介绍先进人物及其事迹，这是正文的重点内容，应该准确、真实而简洁地将时间、地点、人物、主要情节、结果表述清楚；其次是对先进人物及其事迹进行简要而恰当的

介绍先进人物及事迹

进行肯定评价

陈述表彰决定

号召向其学习

图 3-8　表彰性通报正文的 4 个部分

肯定评价；再次需要陈述企业对先进人物的表彰决定，应写明具体奖励内容；最后需要向其他员工发出学习号召，写明为什么要学习以及学习什么等具体内容。

表彰性通报主要用于正面鼓励，通报的内容要真实可靠，动笔之前要对通报内容进行调查研究，通报的事实和所引材料都必须真实无误，不能为了鼓励夸大先进人物事迹。给予先进人物的奖励应该恰如其分，不能奖励过多或过少，要符合先进人物做出的贡献。

| 2 | 表彰性通报的写作模板

表彰性通报的写作模板如表 3-7 所示。

表 3-7　表彰性通报的写作模板

标题	×××有限公司关于表彰××（人员或团队、组织）的通报
主送单位	公司全体人员：
正文	××××年×月×日，××××（被表彰人员或团队、组织的事迹）。××××（被表彰事迹产生的积极影响和表现出的精神）。 为了××××（表彰目的），根据××××（表彰依据），决定对××××（被表彰人员或团队、组织）等予以通报表彰（或授予××××称号）。 希望公司全体人员，学习×××（号召向先进学习，提出要求或希望）。
落款	×××有限公司 ××××年×月×日

| 3 | 表彰性通报的写作范例

××公司关于表彰2020年先进集体和先进个人的通报

公司全体员工：

2020 年是艰难的一年，公司面临着严峻的挑战和考验。一年来，面对原煤涨价、焦炭价格持续下跌、运力不足、现金流紧张等不利因素，全体员工艰苦奋斗，同心开拓，涌现出了一大批科学管理、敢于创新、成绩突出的先进集体和兢兢业业、勤勤恳恳、尽职尽责、勇于奉献的先进个人。为了鼓励先进典型，激发全体员工在逆境中奋勇向前的热情，使公司整体工作再上新台阶，经公司研究决定，对 2020

年度涌现出的先进集体和先进个人予以表彰奖励。

一、先进集体 3 个（排名不分先后）

××团队、××团队、××团队，各奖励先进集体奖牌一块，奖金 30000 元。

二、先进个人 5 人（排名不分先后）

李××、章××、蔡××、胡××、覃××，各奖励先进个人奖牌一块，奖金 10000 元。

公司希望受表彰的先进集体和先进个人要谦虚谨慎，戒骄戒躁，再接再厉，再创佳绩。公司号召全体干部职工虚心学习先进集体和先进个人的精神和经验，胸怀全局，勇于革新，埋头苦干，不计得失，勤于动脑，以严谨的、科学的工作作风和敢为人先的创新意识，为公司早日实现装备现代化、经营国际化、管理科学化、产品精尖化的战略目标而努力奋斗！

××公司（公章）

××××年×月×日

3.2.4 批评性通报的写作要点、模板、范例

批评性通报是披露和批评错误，教育和引导他人引以为鉴的通报。这类通报应用范围广，惩戒性特点比较突出。

|1| 批评性通报的写作要点

批评性通报主要分为标题、正文和落款，标题和落款部分参照前述通报的基础写作范式和格式即可。

批评性通报的正文也可分为 4 个部分，如图 3-9 所示。

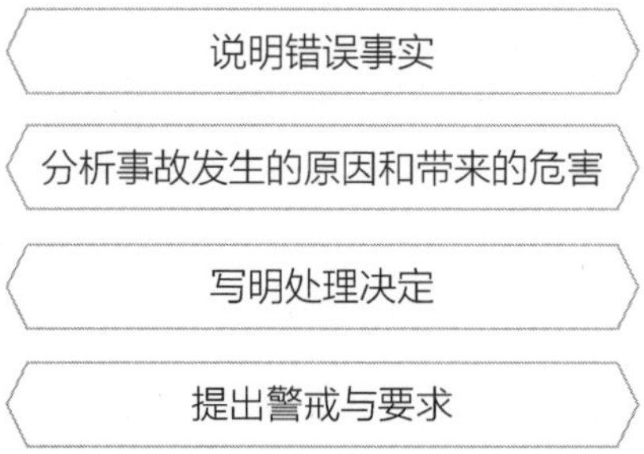

批评性通报首先应该说明错误事实或事故情况，交代清楚事故发生的

说明错误事实

分析事故发生的原因和带来的危害

写明处理决定

提出警戒与要求

图 3-9 批评性通报正文的 4 个部分

时间、地点、当事人、经过、结果等要素；其次，应该对错误事实性质与发生的原因，以及带来的危害进行分析说明；再次，应该对通报批评人员做出处理决定，处理结果要合适，不能过重或过轻；最后，要对其他员工作出警戒和提醒，并要求员工不再犯类似错误，这部分内容的写作要求高度概括，切忌冗长啰唆。

批评性通告写作应该真实、准确、简洁并突出要害，重点强调以后不可再出现类似错误，以引起企业员工重视。

| 2 | 批评性通报的写作模板

表3-8所示为批评性通报的写作模板。

表3-8　批评性通报的写作模板

标题	××××有限公司关于对××（人员或团队、组织）××问题予以批评的通报
主送单位	公司全体人员：
正文	××部门××员工，于××××年×月×日×××（错误事项），违反公司××规定，造成了××（后果）。 为杜绝此类现象再次发生，根据公司××规定，经××（处分下达机关）研究决定，现对××部门员工××的行为予以××（具体惩处措施）。如若再犯，公司将××（再犯惩处措施）。 希望全体员工以此为戒，严格遵守公司的管理规定，如其他员工发生类似现象，公司将给予××（处罚措施）！
落款	××××有限公司 ××××年×月×日

| 3 | 批评性通报的写作范例

××公司关于对行政部员工李××进行处罚的通报

各部门：

行政部门员工李××于××××年×月×日在上班时间玩手机游戏，违反公司纪律。

公司在多项管理制度中，一直强调上班时间不能做与工作无关的事情，但该员工无视公司规定，纪律意识淡薄，作风自由散漫。

为杜绝此类现象再次发生，根据公司行政管理制度及相关纪律规定，经公司领导研究决定，对行政部门员工李××的行为予以通报批评，并扣除工资 200 元。如若再犯，公司将依规解除劳务合同。

希望全体员工以此为戒，严格遵守公司的管理规定，如果其他员工发生类似现象，公司将按相关规定给予从重处理！

××公司（公章）

××××年×月×日

3.2.5　情况类通报的写作要点、模板、范例

情况类通报是传递信息、沟通情况，让企业员工了解事态发展，与上级协调一致，形成统一认识、统一步调，克服存在的问题，开创新的局面，为工作提供指导或参考的通报。

┃1┃情况类通报的写作要点

情况类通报的正文构成相对比较简单，主要包括三个部分，如图 3-10 所示。

情况类通报首先需要交代所通报事情的概况；然后对通报事情进行简要分析说明，并总结通过该事件传达出的经验或做法，如果是突发事件，还应把事件的时间、地点、当事人、经过、结果等要素写清楚；最后需要针对存在的问题、事件发生的原因，对相关部门或个人提出工作改进要求和应该注意的事项。

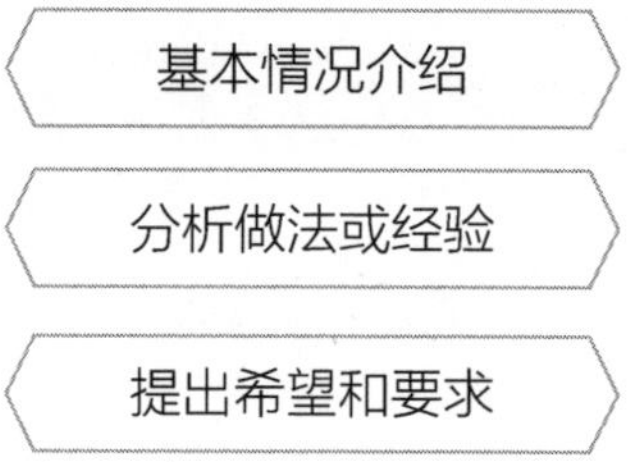

基本情况介绍

分析做法或经验

提出希望和要求

图 3-10　情况类通报正文的 3 个部分

┃2┃情况类通报的写作模板

表 3-9 所示为情况类通报的写作模板。

表 3-9　情况类通报的写作模板

标题	××××有限公司关于××（事项）的通报
主送单位	公司全体人员：
正文	××××年×月×日×××（通报事项） 一、具体情况 （一）××× （二）××× （三）××× ………… 二、主要问题（或经验总结） （一）××× （二）××× （三）××× ………… 三、工作要求 （一）××× （二）××× （三）××× …………
落款	××××有限公司 ××××年×月×日

│3│情况类通报的写作范例

××公司关于安全检查情况的通报

公司各部门：

　　2020 年 12 月 20 日下午，由××领导、××带队、各相关部门负责人参加，对公司内部进行了安全检查。从检查情况看，各重点部门都安排了值班人员，没有发现大的安全隐患，整体状况良好。

　　××领导在总结检查状况时，对安全工作提出了几点要求：

　　一、节假日值班人员必须落实到位，并对部门所辖场所进行检查；

　　二、后勤服务中心要加强水电管理，做好防冰冻的应急预案；

　　三、后勤服务中心要加强对留守临聘人员的管理；

　　四、保卫处加强监督检查，要加强公司内部场所值班和夜巡人员管理。

××公司（公章）

××××年×月×日

3.3

通告

某日，公司的公司名进行了变更，为了让客户知晓这一信息，我要求行政人员秋菊拟写一篇通告。秋菊随即写了一篇通告，但我在检查时，发现这篇通告不能使用。

通　告

尊敬的客户：

　　本公司即日起更名，望各位合作伙伴知悉。今后在合同签订、发票开具等事项上，希望各位客户使用本公司变更后的公司名。

××公司（公章）

××××年×月×日

暂且不论这条通告在语气上没有做到诚恳、谦虚，在内容中也出现了重大失误：没有点出原公司名称和更改后的公司名称，而这是后续合同签订、发票开具等工作开展的重要前提。这条通告几乎等于"白发"了。

通告在企业公文写作中使用的次数不多，通常只有发生特定的、需要广泛告知的事件时，才需拟写通告。在撰写通告时，企业公文写作人员应当将需要广而告之的事项陈述清楚，相关注意事项也需仔细说明。

3.3.1 通告的类型和特点

通告是各企业在公布重要事项时常用的文种，适用于在一定范围内公布应当遵守或者周知的事项，是一种泛行文。

通告是一种公开性的通知，但与通知相比，又有所不同。通告的对象是泛指的，即被通告者的名称可以不写，而通知必须指定接收人或单位；通告必须公开张贴或登报，而通知只在一定范围内传阅，很少张贴。

需要注意的是，在企业中一般不严格区分通告和公告的差异，常常混同使用。

|1| 通告的类型

根据内容的不同，可将通告分为两大类型，即周知性通告和规定性通告，如图 3-11 所示。

图 3-11　通告的两大类型

|2| 通告的特点

企业通告具有规范性、专业性和周知性。

（1）规范性

通告所告知的事项常作为各有关方面的行为准则，或对某些具体活动的约束限制，具有行政约束力甚至法律效力，要求被告知者遵守执行。

（2）专业性

一般公文只用来告知事项或宣传思想，对具体事务没有明确指向性，但通告却能够直接指导某项事务，具有鲜明的行业性，常用于水电、交通、金融、税务、海关等主管业务部门工作的办理、要求等事务性事宜，内容专业性强。

（3）周知性

为了使特定人群了解相关政策、遵守相关规定或处理相关事宜，通告多在一定范围内公开，为特定人群普遍知晓，所以具有周知性。

同时，通告不必通过通常的行文渠道层层下发，可通过报刊、广播、电视、微博等媒体发布，也可以通过张贴，使通告内容广为人知。

3.3.2　通告的基础写作范式和格式

　　周知性通告和规定性通告在写作时都需遵循通告的基础写作范式和格式。在选择使用通告文种时要慎重，通告通常适用于重大事项发布，应注意维护其严肃性，一些比较小的事情不适宜使用通告文种。

｜1｜通告的基础写作范式

　　通告由标题、正文和落款三部分组成。

　　（1）标题

　　企业通告的标题写作方式主要有以下三种。

　　① 完全式标题

　　完全式标题通常由"发文单位全称 + 关于 + 通告事件 + 通告"构成，通告事件的概括要准确，让人一目了然，方便阅读。比如《××企业关于员工保险办理的通告》。

　　完全式通告标题是一种较为正式、规范的写法，在对外行文中应该采用这种写法。

　　② 省略式标题

　　有时根据需要，可以省略通告事件，即"发文单位全称 + 通告"。比如，《××企业通告》。

　　由于通告具有周知性，除在企业内部发布的通告外，其他通告一般不能省略发文单位全称。在企业内部发文，在不产生歧义的情况下，可以省略发文单位全称，即"关于 + 通告事件 + 通告"。比如，《关于××生产区域存在安全威胁实施隔离的通告》。

　　③ 简单式标题

　　当通告内容简单、篇幅短小时，标题可以省略发文单位和通告事件，直接采用"通告"作为标题。

　　（2）正文

　　企业通告正文的内容一般分为主送单位、通告依据、通告事项和通告结语四部分，如图 3-12 所示。

图 3-12　通告正文的写作公式

① 主送单位

主送单位指受文单位名称。企业通告的"主送单位"写作方式有两种。

一是通告针对某部分群体或单位、部门时，直接写明受众群体或单位、部门名称，最后一个受众群体写完后以"："结束。例如，"公司全体员工："。

二是公开发布、针对广大人群的通告可省略主送单位。

② 通告依据

通告依据是指发布通告的根据和原因，此部分内容拟写需要简单、精炼并描述清晰。

③ 通告事项

通告事项需要写明通告的具体事项或规定，如果通告的内容比较简单，可以不分条拟写；如果事项内容较多，应该分条列拟写，便于读者了解与记忆。通知事项要有法律政策依据或制度依据，依据要充分有力，符合企业的实际情况。

④ 通告结语

通告结语通常用以强调，引起受文对象注意或注明通告内容的生效时间。如"特此通告""本通告自发布之日起实施"。

通告正文在写作中需要遵循以下三个要点，如图 3-13 所示。

（3）落款

企业通告的落款处要注明发文单位与发文日期，并加盖发文单位公章。

正文要完整

必须写清楚通告的理由或依据、通告的具体事项等，通告的依据与通告事项之间要有明显的过渡，如"具体通告如下"，以引出下文。

通告事项要有条理

通告事项一般都分条表达，要按照事物之间的逻辑顺序统筹兼顾、科学排列，便于理解和执行。

文字要严谨易懂

通告的专业性较强，既要准确地使用专业术语，又要考虑通俗易懂。

图 3-13　通告正文的写作要点

|2| 通告的基础格式范本

（1）通告的格式范本

> **单位名称+关于+通告事项+的通告（二号小标宋体）**
>
> 主送单位：（标题下一行顶格，三号仿宋）
>
> 　通告依据＋通告事项＋通告结语。（主送机关下一行空两格，三号仿宋）
>
> 　附件：××××（正文下一行空两格）
>
> 　　　　　　　　　　　　　　　　　发文单位（右对齐，三号仿宋）
>
> 　　　　　　　　　　　××××年×月×日（右对齐，用阿拉伯数字）

（2）通告格式说明

通告格式与通知格式一致，在此不赘述。企业公文写作人员也可根据自身需求，更改通告的格式。

3.3.3 周知性通告的写作要点、模板、范例

周知性通告主要用以传达告知业务性、事务性事项，一般没有执行

要求，仅供人们知晓。

| 1 | 周知性通告的写作要点

周知性通告主要分为标题、正文和落款，参照上文通告的基础写作范式和格式即可。

周知性通告在写作内容安排上应该注意有繁有简，通告依据要简写，通告事项要详细、具体，交代清楚，不可造成歧义或理解困难；周知性通告在写作语言上应该平实、精练，有效传达信息。

| 2 | 周知性通告的写作模板

表 3-10 所示为周知性通告的写作模板。

表 3-10　周知性通告的写作模板

标题	×××有限公司关于××事项的通告
主送单位	公司全体人员：
正文	由于××××（通告依据）。 自××××年×月×日起，公司将实行××××制度。 ××××（通告事项具体内容）。 特此通告
落款	×××有限公司 ××××年×月×日

| 3 | 周知性通告的写作范例

××营业厅关于地址迁移的通告

尊敬的各位顾客：

由于近年来业务发展迅速，本营业大厅已经不能适应需要，无法为顾客提供满意的服务。

为此，本营业厅决定迁址，现将有关事项通告如下：

兹定于 2020 年 11 月 1 日从原址××大道 130 号处迁至××路 120 号（××大厦旁）××营业厅新址办公，望各位顾客看到通告后转告亲朋好友，以免造成不必要的麻烦。

营业时间：每日 8:00—18:00。

咨询电话：133×××× 1328。

特此通告。

×× 营业厅（公章）

×××× 年 × 月 × 日

3.3.4 规定性通告的写作要点、模板、范例

规定性通告是在一定范围内公布应当遵守事项的通告。规定性通告通常由具有相应职权的国家机关发布，但企业内部需要告知所有部门、员工应当遵守的事项时，也可以使用规定性通告。企业内部使用规定性通告，其约束力仅限于企业内部。

规定性通告公布的内容多为具有强制性的措施，要求受文对象必须严格遵照通告内容执行相关事宜。

|1| 规定性通告的写作要点

规定性通告需要依据相关政策或制度发布，员工需要遵守通告事项。通告事项在写作时需要严谨、仔细，符合相关法律、法规，以免出现歧义，引起不必要的麻烦。

|2| 规定性通告的写作模板

表 3-11 所示为规定性通告的写作模板。

表 3-11　规定性通告的写作模板

标题	×××× 有限公司关于 ××××（通告事项）的通告
主送单位	公司全体人员：
正文	为了 ××××（通告依据），具体通告如下： 一、×××× 二、×××× 三、×××× 本通告自发布之日起实施。

标题	××××有限公司关于××××（通告事项）的通告
落款	××××有限公司 ××××年×月×日

3 | 规定性通告的写作范例

××公司关于社会保险和福利待遇的通告

公司全体员工：

根据公司基本管理制度，对员工社会保险和福利待遇进行了调整，具体通告内容如下。

一、公司按××市有关规定为员工办理社会保险，缴纳社会保险费（工伤、养老、医疗、生育、失业）和住房公积金。应由员工个人负担的社会保险费，公司有权从员工应得劳动报酬中扣缴。

二、因员工个人原因导致公司未能办理好员工的社会保险手续的，全部责任由员工承担。

三、员工在公司工作期间，患病或非因工负伤、因工伤残或患职业病以及生育，其有关保险福利待遇，按照国家法律规定和××市有关政策规定执行。

四、退休返聘人员保险及福利待遇另行约定。

××公司（公章）

××××年×月×日

3.4

报告

有一次，我所在的部门业绩严重下滑，领导要求部门所有人分析自己业绩下滑的原因，并以书面形式呈报给他。部门同事不清楚此时该使用什么公文文种，我告诉他们，此时应当使用报告，阐述业绩下滑的原因，并总结经验。

3.4.1 报告的类型和特点

报告是一种使用非常频繁的企业公文文种，属于陈述性公文，主要用于向上级汇报本单位的工作情况，总结经验教训，提出意见与建议，或者回复上级交代事项的办理情况等。报告是上级制定决策和指导下级工作的重要依据。

|1| 报告的类型

根据报告的具体内容，可将报告分为汇报性报告、答复性报告和建议性报告三类，如图3-14所示。

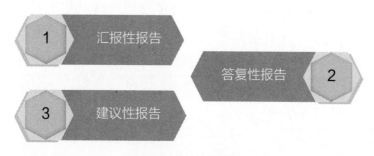

图3-14 报告的类型

|2| 报告的特点

报告在行文上具有单向性，在内容上具有汇报性，在语言上具有陈述性且具有双向沟通性。

（1）行文的单向性

报告是下级向上级行文，是为上级进行宏观领导提供依据，一般不需要受文单位的批复，属于单向行文。

（2）内容的汇报性

报告是下级向上级汇报工作，让上级掌握基本情况并及时对自己的工作进行指导，因此，报告在内容上具有很强的汇报性。

（3）语言的陈述性

由于报告具有汇报性，是向上级讲述具体的工作内容、工作状况或提出工作建议的行文，所以报告只需陈述事实即可，通常采用叙述手法，在语言上具有陈述性。

（4）双向沟通性

虽然报告在行文上具有单向性，但报告却是下级用来获得上级的支持和指导的桥梁；同时上级也能通过报告获得信息，了解详情，报告成为上级决策指导和协调工作的依据之一。

3.4.2　报告的基础写作范式和格式

不同类型的报告在写作内容上有所不同，但在写作范式和格式上具有基础框架。

|1| 企业报告的基础写作范式

报告一般包括标题、正文和落款三部分。

（1）标题

企业报告的标题写作方式主要有以下两种。

① 完全式标题

完全式标题通常由"发文单位全称＋关于＋报告事项＋报告"构成，是报告内容的完整表达。比如，《×× 部门关于 ×××× 工作情况的报告》。

② 省略式标题

根据需要，企业公文写作人员可以省略发文单位全称，省略式报告标题通常由"关于＋报告事由＋报告"构成。比如，《关于 ×××× 有关情况的报告》。

值得注意的是，报告一般不以文种"报告"单独作标题。

（2）正文

企业通报正文一般分为主送单位、报告缘由、报告事项、报告结语四部分，如图 3-15 所示。

图 3-15　报告正文的写作公式

① 主送单位

主送单位指受文单位名称，企业报告的主送单位只有一个直接上级部门或领导。

② 报告缘由

交代报告的目的、根据、意义或原因，概述基本内容或基本情况。例如，"现将××××情况报告如下"。报告缘由写作用语要简洁明了，将缘由交代清楚。

③ 报告事项

说明具体情况，总结成功经验，指出存在的问题，提出解决方法、改进措施及今后的工作设想。内容较多时可分条列项，由主至次排列。报告事项要一文一事，杜绝一文多事。

④ 报告结语

用简明的文字概括全文，或使用惯用语结束全文。例如，"请审核""请查收""以上报告，如无不当，请转批有关单位执行""特此报告"等。

（3）落款

报告的落款包括发文单位或个人名称、成文日期、印章。

｜2｜报告的基础格式范本

报告内容虽然不尽相同，但基础格式上是一致的。

（1）报告的格式范本

发文单位名称+关于+报告事项+的报告（二号小标宋体）
主送单位：（标题下一行顶格，三号仿宋）

报告缘由＋报告事项＋报告结尾。（主送机关下一行空两格，三号仿宋）

附件：1.××××（正文下一行空两格）

发文单位（右对齐，三号仿宋）

2020 年 9 月 30 日（右对齐，用阿拉伯数字）

（2）报告格式说明

报告格式与通知一致，在此不赘述。

企业报告不必严格按照相关标准执行，企业公文写作人员可根据实际情况酌情改变。

3.4.3 汇报性报告的写作要点、模板、范例

汇报性报告主要是下级向上级汇报工作、反映情况的报告，通常分为综合报告和专题报告两类，综合报告是指本单位工作到一定阶段，就工作的全面情况向上级写的汇报性报告；专题报告是指针对某项工作中的某个问题撰写的汇报。

｜1｜汇报性报告的写作要点

无论是综合报告还是专题报告，内容的选取主要包括以下七项：

（1）严重的灾害、事故、案情，重大喜讯等；

（2）重要的企业动态，新政策、新规定的执行情况与群众反馈等；

（3）上级交办或督办的事项进展或承办结果；

（4）财务、税收、物价、质量、安全、卫生防疫等项工作的检查结果；

（5）重大活动、重要会议的基本情况；

（6）对某项工作失误或出现问题的反思与检讨总结；

（7）其他重要的特殊问题或新情况。

在拟写汇报性报告时，企业公文写作人员应坚持实事求是的原则，充分还原事件面貌，只进行陈述，不进行加工。

|2| 汇报性报告的写作模板

表 3-12 所示为汇报性报告的写作模板。

表 3-12　汇报性报告的写作模板

标题	××公司（部门、个人）关于××××（报告事项）的报告
主送单位	总公司总裁办（上级领导）：
正文	根据××××（报告缘由）要求，××××开展了××××（概述工作简要情况），并对××××工作进行了认真总结。现将有关情况报告如下。 一、××××（工作基本情况）。 二、××××（主要办法、措施和产生的效果等）。 三、××××（存在的问题、经验和教训以及拟采取的对策）。 四、××××（下一步的工作思路和计划）。 特此报告。
落款	××公司（部门、个人） ××××年×月×日

|3| 汇报性报告的写作范例

××饮料湖南省分公司关于第一二季度销售业绩大幅下滑原因的报告

总公司市场部：

根据总公司提供的第一二季度销售统计数据显示，我省销量同比下降20%。为此，分公司专门成立由销售部、行政部、财务部等部门人员组成的调查小组，深入研究调查，发现销售业绩下滑的原因主要有两方面。

一、我省今年春夏两季的平均气温较往年同期低 3～5℃，饮料需求大幅度降低。

二、竞争对手××××公司今年年初新推出××××品牌新产品，加大了营销宣传力度，抢走了部分顾客。

针对这一情况，目前分公司正在抓紧制订应对计划，以避免销售业绩继续下滑。计划制订后会及时上报。

特此报告。

××饮料湖南省分公司（公章）

××××年×月×日

3.4.4　答复性报告的写作要点、模板、范例

答复性报告是下级针对上级或管理层所提出的某些要求或问题进行反馈、答复的报告。

|1| 答复性报告的写作要点

答复性报告的写作要求是问什么答什么，不涉及询问以外的情况或问题，具有极强的针对性。在答复性报告的正文开头，需要指明是答复哪个文件中提出的问题，表明本部门或个人已经收到并了解了相关问题，现在给予答复。

|2| 答复性报告的写作模板

表 3-13 所示为答复性报告的写作模板。

表 3-13　答复性报告的写作模板

标题	××公司（部门、个人）关于××××（报告事项）的报告
主送单位	××××（上级领导）：
正文	《×××××》（上级提问的文件）收悉。 按照总公司通知要求，部门正在××××××（措施），具体对策如下。 一、××××××。 二、××××××。 三、××××××。 目前，××××××（目前状况）。 特此报告。
落款	××公司（部门、个人） ××××年×月×日

|3| 答复性报告的写作范例

××部门关于整治部门风纪的报告

公司领导：

前接《关于整治××部门风纪的通知》，要求我部门尽快整治部门风纪，并将整治结果上报，现将有关情况报告如下。

一、针对我部门员工上班迟到、下班早退频繁的现象，设置了惩罚制度，迟到或早退一次扣工资30元，每个月迟到或早退三次以上，无全勤奖。

二、针对我部门员工上班看小说、看影视剧、打游戏的情况，设置了惩罚制度，以上与工作无关的行为一经发现，扣除工资200元。

三、针对我部门员工工作效率低下的问题，设置了月末淘汰制，每月绩效最差者直接淘汰。

经过一系列的整顿，现我部门员工已树立起良好的工作意识，能有效避免迟到、早退和在上班时间做与工作内容无关事情的行为，工作效率大幅提升，上月本部门业绩突破100万元。

特此报告。

×× 部门主管

××××年×月×日

3.4.5　建议性报告的写作要点、模板、范例

建议性报告是下级或个人对目前工作中存在的问题，向上级提出建议，或是请求上级认可、批转下级的公文。

|1| 建议性报告的写作要点

建议性报告的正文一般分为情况介绍与意见措施两部分。情况介绍一般是分析问题，总结经验，或者说明建议的依据、原因和目的等。意见措施部分的内容可以采取分列式写法，要求思路清晰、主次分明。

|2| 建议性报告的写作模板

表 3-14 所示为建议性报告的写作模板。

表 3-14　建议性报告的写作模板

标题	×× 公司（部门、个人）关于 ××××（建议事项）的建议报告
主送单位	××××（上级领导）：
正文	鉴于××××情况，我认为，公司在以下方面可以进行改进。

标题	××公司（部门、个人）关于××××（建议事项）的建议报告
正文	一、××××××。 二、××××××。 三、××××××。 望采纳。 特此报告。
落款	××公司（部门、个人） ××××年×月×日

|3|建议性报告的写作范例

关于加强部门凝聚力建设的建议报告

尊敬的部门领导：

本人入职公司六个月来，发现部门同事之间几乎没有交流，在交接工作时，也因为互相之间过于疏离，无法将各自心中的想法完全表达出来，以至于工作因为沟通不畅屡次出现问题。

部门凝聚力是维系部门存在的必要条件。如果一个部门丧失凝聚力，就会像一盘散沙，部门成员各做各的，工作效率低下；而部门如果凝聚力较强，员工之间沟通交流顺畅，就会提高员工的工作热情，使员工工作更加高效。

因此，我建议部门领导多展开一些能够增强部门凝聚力的活动，使部门员工的心联系在一起。为此，我翻阅了多份资料，提出以下两个建议。

一、开展部门成员共同参与的团建活动，如一起旅游、一起游戏等，加强部门成员之间的交流，形成基本的了解。

二、在每周的会议上，设置一个员工自我展示的环节，让员工之间打破疏离，沟通交流更加顺畅。

特此报告，望采纳。

××部门　××

××××年×月×日

3.5

决定

某日，我所在的部门发生重大的职位变更，为了告知其他员工，领导要求我撰写一篇内容为"华为公司××××部关于××职位的变更决定"的公文。

诸如此类针对重要事项或重大行动而拟写的公文，通常需要使用决定这一文种。

3.5.1 决定的类型和特点

决定，是企业对重要事项或重大行动做出决策和部署，奖惩有关单位和个人，变更或撤销下级单位不当处理事项的文种。

用决定来安排和部署的行动必须是事关全局、具有战略意义、执行时间较长的重要事项，布置和处理一般的日常工作不适宜使用决定这一文种。

|1| 决定的类型

企业决定可分为 4 种类型，包括告知性决定、指示性决定、奖惩性决定、变更性决定，如图 3-16 所示。

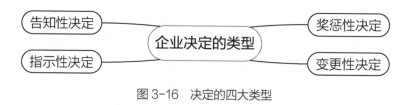

图 3-16 决定的四大类型

|2| 决定的特点

企业决定具有强制性、指导性、稳定性。

（1）强制性

决定是一种下行文，比较集中地体现了上级对重要事项和重大行动的指挥意志、处置意图和倾向，要求下级无条件执行。决定的强制性仅次于命令，具有较强的约束力。

（2）指导性

决定集中体现了上级对重要事项的决策，具有较强的理论性、政策性，是指导下级工作的准则。

（3）稳定性

决定发布后通常会在很长一段时间内要求贯彻执行，能在长时间内发挥作用，具有较强的稳定性，不会轻易更改。

3.5.2 决定的基础写作范式和格式

决定的基础写作范式和格式如下。

| 1 | 决定的基础写作范式

决定通常由标题、正文、落款三部分构成。

（1）标题

企业决定的标题写作方式主要有以下两种。

① 完全式标题

完全式标题通常由"发文单位全称 + 关于 + 决定事项 + 决定"构成，是较为规范的表达。比如，《×× 公司关于设立 ×× 分公司的决定》。

有时，在决定标题的下方还有发文文号或标明文件通过的会议或机构。比如，"×××× 年 × 月 × 日董事会通过"的字样，并用括号括起来。

② 省略式标题

根据写作需要，企业公文写作人员可以省略发文单位全称，省略式决定的标题通常由"关于 + 决定事由 + 报告"构成。比如，《关于对 ×× 安全事故责任人员处分的决定》。

值得注意的是，决定一般不以"决定"单独作为标题。

（2）正文

企业决定正文一般分为主送单位、决定依据、决定事项、决定结语四部分，如图 3-17 所示。

图 3-17　决定正文的写作公式

① 主送单位

主送单位指受文单位名称，企业决定的主送单位为下级部门。

② 决定依据

写明做出决定的目的、意义及根据。其中根据包括理论根据、政策法律根据和事实根据等三个方面。这一部分写作要求开门见山、简明扼要。对重大行动做出的决定需要重点指出做出此决定的原因、目的和意义，以便执行者较为充分地认识到实施这一决定的重要性。

③ 决定事项

说明具体决定事项，即决定的内容，是决定的核心部分。决定事项的写作语言要庄重、严肃，表达准确、严谨，体现出决断性。决定具有很强的指导性，一经发布则要求下级认真贯彻执行，因此决定事项必须写得明确具体。

④ 决定结语

通常用一个自然段的篇幅呈现，根据决定事项的具体内容发出号召或提出希望。

（3）落款

决定的落款包括发文单位或个人名称、成文日期、印章。

| 2 | 决定的基础格式范本

决定的内容虽然不尽相同，但有一定的基础格式。

> **发文单位名称+关于+决定事项+的决定（二号小标宋体）**
>
> 主送单位：（标题下一行顶格，三号仿宋）
>
> 　决定依据+决定事项+决定结语。（主送单位下一行空两格，三号仿宋）
>
> 　附件：××××（正文下一行空两格）
>
> 发文单位（右对齐，三号仿宋）
>
> 2020 年 9 月 30 日（右对齐，用阿拉伯数字）

决定的格式与通知一致，在此不赘述。

3.5.3 告知性决定的写作要点、模板、范例

告知性决定适用于对重要事项做出决定，然后将这一决定传达给下属单位和员工，使之了解。告知性决定一般不要求下级执行。

| 1 | 告知性决定的写作要点

告知性决定一般一段到底，不分条目，概括性地交代决定内容即可。告知性决定通常只是告知某一事项，不要求企业员工贯彻执行。

| 2 | 告知性决定的写作模板

表 3-15 所示为告知性决定的写作模板。

表 3-15　告知性决定的写作模板

标题	××公司（部门）关于××××（告知事项）的决定
主送单位	××××（主送单位）：
正文	为了×××××（目的），根据×××××（制度、规定、领导指示等），经研究，决定××××（决定事项）。 一、×××××。 二、×××××。 三、×××××。 四、×××××。 …………（决定的具体内容）
落款	××公司（部门） ××××年×月×日

|3| 告知性决定的写作范例

××公司关于成立"双11"促销专项小组的决定

公司全体员工：

一年一度的狂欢购物节"双11"即将来临，由于去年本公司在"双11"期间销售业绩不佳，今年经公司领导研究决定，成立"双11"促销专项小组，全面负责"双11"促销工作。

"双11"促销专项小组设立组长1名，副组长1名，组员10名，共12名人员。

其中，组长由李××担任，副组长由张××担任，组员分别为××、××、××、××、××、××、××、××、××、××。

特此决定。

××公司

××××年×月×日

3.5.4 指示性决定的写作要点、模板、范例

指示性决定适用于对重大行动做出安排的情况，对下级工作起到指导作用。

|1| 指示性决定的写作要点

指示性决定的内容应该交代事项的重要性、应该遵循的原则、具体的指示内容以及执行要求等。如果决定的事项较多，可以采用分条列项式的写法，将复杂的问题交代清楚，便于下级执行。

|2| 指示性决定的写作模板

表3-16所示为指示性决定的写作模板。

表 3-16　指示性决定的写作模板

标题	××公司（部门）关于解决（处理）××问题（依事项内容而定）的决定
主送单位	××××（主送单位）：
正文	最近，××××××（出现的问题）。 　　根据××××××（制度、规定、领导指示等），经研究，针对××××××（出现的问题）决定××××××（决定事项）。 　　一、××××××。 　　二、××××××。 　　三、××××××。
落款	××公司（部门） ××××年×月×日

| 3 | 指示性决定的写作范例

××公司关于处理员工迟到问题的决定

公司全体员工：

　　最近一段时间，公司不少员工频繁迟到，且在各部门主管多次口头提醒后，情况依然没有得到改善。频繁迟到的行为严重违反公司的管理制度，造成了不良影响。

　　经研究，根据本公司《员工日常考勤管理制度》的规定，对每月迟到三次以上的员工，扣除本月奖金，并取消参评优秀员工的资格。

　　特此决定。

××公司

××××年×月×日

3.5.5　奖惩性决定的写作要点、模板、范例

　　奖惩性决定包括表彰性决定和惩戒性决定。奖惩性决定的内容与表彰性通报、批评性通报有些相似，但奖惩性决定通常只适用于重大奖惩事件，影响较小的事件不适宜采用决定这一文种。

| 1 | 奖惩性决定的写作要点

　　表彰性决定的内容主要包括被表彰者的身份、事迹及其评价，表彰

的决定事项，组织的希望与号召等；惩戒性决定应该首先简要交代错误事实，分析其性质、原因、责任及其后果，然后交代当事者事后的态度与表现，再写处理决定，最后写教训、希望。

表彰性决定与惩戒性决定的差别还表现在公文语言的情绪上，表彰性决定的语气应该热烈向上；惩戒性决定的语气应该严肃、沉重。

|2| 奖惩性决定的写作模板

奖惩性决定的写作模板分为表彰性决定模板和惩戒性决定模板，表 3-17 所示为表彰性决定的写作模板，表 3-18 所示为惩戒性决定的写作模板。

表 3-17　表彰性决定的写作模板

标题	×× 公司（部门）关于表彰 ×××× 的决定
主送单位	××××：
正文	最近，×××××××（被表彰人员或单位的事迹）。×××××××（被表彰事迹产生的积极影响和表现出的精神）。 　为了×××××（表彰目的），根据×××××（表彰依据），决定对 ×××× 等予以表彰（或授予）×××× 等 ×××× 称号）。 　希望××××（号召向先进学习，提出更高的工作要求和希望）。
落款	××公司（部门） ××××年×月×日

表 3-18　惩戒性决定的写作模板

标题	×× 公司（部门）关于处分 ×××× 的决定
主送单位	××××：
正文	××××（主送单位）： 　最近，××××××（违规违纪的事实）。××××××（造成的危害和产生的不良影响）。 　根据×××××（处分依据），为了××××××（目的主旨），经研究，决定给予××××××（受处理的人或单位）××××××（处分决定）的处分。
落款	××公司（部门） ××××年×月×日

××公司关于表彰先进集体与个人的决定

公司全体员工：

20××年，全区××店铺紧紧围绕年初确定的工作目标，以业务发展为主线，不断开拓创新，拼搏进取，各项业务工作实现了新的跨越和突破。在全区××店铺系统涌现了一批先进单位（集体）和先进个人。他们在改革发展中开拓创新，拼搏进取；在各自岗位上任劳任怨，脚踏实地，敬业奉献；在工作中迎难而上，勇于进取，扎实工作，对促进全区××店铺改革与发展做出了突出的贡献。为表彰先进，鼓舞斗志，在全区××店铺上下营造争先创优、开拓奋进、锐意进取的良好氛围，充分调动广大干部职工的工作积极性、创造性，实现全区××店铺20××年各项工作目标，经公司研究，决定对江庄××店铺等6个先进单位（集体）和×××同志等60名先进工作者予以表彰。

希望全区××店铺广大干部职工要向先进集体和先进工作者学习，学习他们爱岗敬业、团结奋进、胸怀全局、无私奉献的高尚品质，学习他们恪尽职守、求真务实、拼搏进取的工作作风。希望受表彰的先进集体和先进工作者戒骄戒躁，再接再厉，努力拼搏，力争在20××年各项工作中和各自的岗位上再立新功，为促进全区××店铺稳健快速发展作出新的更大的贡献。

特此决定。

××公司

××××年×月×日

3.5.6 变更性决定的写作要点、模板、范例

变更性决定通常以变更某件事项或撤销某个职位为内容。

|1| 变更性决定的写作要点

变更性决定通常只需写明变更或撤销事项的原因、依据和决定事项即可，用语应该严肃、庄重。

|2| 变更性决定的写作模板

表 3-19 所示为变更性决定的写作模板。

表 3-19　变更性决定的写作模板

标题	××公司（部门）关于撤销××员工××职位的决定
主送单位	××××
正文	公司原××××（职位）××（员工姓名）在××××（事项）中，××××（出现了什么问题），导致××××（造成的影响）。 事故发生后，××（员工姓名）能够深刻反省自己的××××行为，主动采取××（补救措施）。 经××（上级领导）研究，决定如下： 撤销××（员工姓名）××职务，不再负责××工作，并扣除××（薪金）。
落款	××公司（部门） ××××年×月×日

|3| 变更性决定的写作范例

××公司关于撤销××同志副总经理职务的决定

公司全体员工：

公司原副总经理××同志，在 2020 年投资××产品的决策中，未按照公司重大投资相关规定进行可行性评估，导致投资失败，给公司造成巨大的财产损失，事故发生后，××同志深刻认识到自己的渎职行为，并及时与××产品相关负责人进行了沟通，主动采取了补救措施。

经董事会研究，决定如下：

撤销××同志副总经理职务，不再负责公司产品投资的相关事务，并扣除当年全部奖金。

特此决定。

××公司

××××年×月×日

3.6

请示

团队里的财务人员秋菊在核对公司财务账目时，发现几处与实际情况有出入的大额支出，但这些支出究竟用在何处，秋菊不得而知。为了调查这一情况，秋菊向我请示，希望给予她专项调查权力，弄清楚这些大额支出究竟用在何处。此时，秋菊拟写了一份请示公文，看完后，我很快做出了批示。

关于给予财政部专项调查权力的请示

尊敬的领导：

　　您好！近日，财务部门在审核公司账目时，发现三处与实际情况存在较大出入的大额支出。由于专员秋菊上任不久，对以前的支出情况不了解，为了调查这些支出究竟用在何处，现特向领导请求，给予财政部人员秋菊专项调查这些支出的权力，以提高调查效率，减少调查阻力，尽快弄清公司财务状况。

　　特此请示。

财政部　　秋菊

××××年×月×日

3.6.1　请示的类型和特点

企业请示是用于向上级请求指示、批准的公文，属于上行文。本部门无权、无力决定或解决的事项可以向上级请示，而上级则应及时回复。

| 1 | 请示的类型

请示可分为两种类型，如图 3-18 所示。

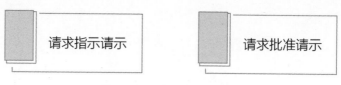

图 3-18　请示的两种类型

|2| 请示的特点

（1）呈请性

请示是下级向上级请求指示和批准的公文，具有呈请性。

（2）求复性

请示的目的是请求上级指示或批准，要求做出答复，具有求复性。

（3）超前性

请示需要在事情发生之前进行，具有超前性。

（4）单一性

请示要求一文一事，不可一文多事。

3.6.2　请示的基础写作范式和格式

请求指示请示和请求批准请示在内容上有所不同，但在写作框架和格式上有一致性。

|1| 请示的基础写作范式

请示一般包括标题、正文和落款三部分。

（1）标题

企业请示标题的写作方式主要有以下两种。

① 完全式标题

完全式标题通常由"发文单位全称＋关于＋请示事项＋请示"构成，是请示内容的完整表达。比如，《××部门关于提拔×××同志为销售经理的请示》。

② 省略式标题

根据需要，企业公文写作人员可以省略发文单位全称，省略式标题通常由"关于 + 请示事由 + 请示"构成。比如,《关于提拔×××同志为销售经理的请示》。

值得注意的是,请示一般不以"请示"单独作为标题。

请示标题的拟写,应该注意不能将"请示"写成"报告",混淆两个文种的差异;也不能将两者并用,写成"请示报告"。"请示"已经非常清楚,标题中无须再出现"申请""请求"一类的词语,更不能用这些词语替代"请示"。

（2）正文

企业请示正文的内容一般分为主送单位、请示缘由、请示事项、请示结语四部分,如图 3-19 所示。

图 3-19　请示正文的写作公式

① 主送单位

主送单位指受文单位名称,企业请示的主送单位只有一个直接上级,为请示事项的主管单位或部门。

② 请示缘由

请示的缘由应该写在请示开头,写明提出请示事项的理由、背景和依据。请示缘由的陈述要理由充分、依据明确,背景情况要介绍清楚。

③ 请示事项

请示事项的内容要明确而具体,提出的意见和计划要实事求是,这样才有利于得到批准。例如,下级就某一项目申请拨款,事项情况以及款项具体用途不能含糊其词,申请拨款数额不能脱离实际情况。

请示理由要充分,要求要合理。理由充分,能够体现请示的必要性;要求合理,才更有可能获得上级的批复。

需要使用请示的事项通常包括以下几种。

▶ 对上级单位的方针、政策、指示和规章制度认识不够明确,或者有不同理解的地方，需要上级单位给出相应解释。

▶ 本单位出现某一具体困难或特殊问题，需要上级单位批复解决。

▶ 需要上级单位对某项政策、制度、规则等进行变通。

▶ 不经请示，本单位无权决策或自行处理的问题。

▶ 涉及范围广、部门多，需要上级进行协调的问题。

此外，请示通常不能越级，只能向上级请示，如遇特殊情况必须越级行文时，应抄送越过的直接上级。

④ 请示结语

请示结语是公文最后请求上级给予批复，经常使用"当否，请指示""妥否，请批复""请审核批复""以上意见当否，请指示 / 批复""以上请示如无不妥，请批准"等作为结语。请示结语不能省略。

（3）落款

企业请示的落款包括发文单位或个人名称、成文日期、印章。

│ 2 │ **请示的基础格式范本**

发文单位名称+关于+请示事项+的请示（二号小标宋体）

主送单位：（标题下一行顶格，三号仿宋）

　　请示缘由 + 请示事项 + 请示结尾。（主送单位下一行空两格，三号仿宋）

　　附件：××××（正文下一行空两格）

　　　　　　　　　　　　　　　　发文单位（右对齐，三号仿宋）

　　　　　　　　　　　　　　　　2020 年 9 月 30 日（右对齐，用阿拉伯数字）

3.6.3　请求指示请示的写作要点、模板、范例

请求指示请示在企业中使用频次较高，其请示一般是政策性请示，是下级需要上级对原有政策规定做出明确解释，对变通处理的问题做出审查认定，对如何处理新情况、新问题或突发事件做出明确指示。

|1| 请求指示请示的写作要点

请求指示请示的事项应简明扼要地描述清楚，并陈述请求请示的原因以及请示事项解决后的意义。在写作时，应当一事一文，交代清楚。

|2| 请求指示请示的写作模板

表 3-20 所示为请求指示请示的写作模板。

表 3-20　请求指示请示的写作模板

标题	×× 公司（部门）关于解决 ×××× 问题（请求事项）的请示
主送单位	××××：
正文	目前，我公司××××（遇到的问题或困难），为了××××（目的），现就××××（要解决的问题）请示如下： 一、××××（问题的由来）。 二、××××（问题的不利影响）。 三、××××（解决问题的意义和价值）。 四、××××（请示协调解决的问题以及解决问题的有关建议）。 妥否，请指示。
落款	××公司（部门） ××××年×月×日

|3| 请求指示请示的写作范例

关于确定财务部总会计师人选的请示

××总经理：

目前，我公司内部总会计师职位空缺，财务部群龙无首，工作开展不畅。

在财务部，张××和陈××两人均有资格担任总会计师，但究竟应该由谁担任该职位，恳请总经理尽快给予明确，以免影响正常工作。

妥否，请批示。

××公司财务部

××××年×月×日

3.6.4 请求批准请示的写作要点、模板、范例

请求批准的请示是下级无权决定或处理的事项，需要得到上级的批准或认可的请求性公文，主要目的是解决某些实际困难和具体问题。

|1| 请求批准请示的写作要点

请求批准请示的写作语言与其他企业公文的语言略有不同，用语要谦恭、委婉，充分尊重上级的意见，这样更容易得到上级接受和及时批复。

|2| 请求批准请示的写作模板

表 3-21 所示为请求批准请示的写作模板。

表 3-21　企业请求批准请示的写作模板

标题	××公司（部门）关于××××（请求事项）的请示
主送单位	××××：
正文	为了×××××（目的），根据×××××（制度、规定、领导指示等依据），我公司（部门、个人）拟×××××（意图主旨）。现将有关情况和我们的诉求报告如下。 一、×××××（基本情况）。 二、×××××（请示事项的必要性和可行性及其意义）。 三、×××××（具体方案和请示事项）。 妥否，请批示。
落款	××公司（部门） ××××年×月×日

|3| 请求批准请示的写作范例

关于购买商务车的请示

××总经理：

近三年以来，我公司销售业绩迅速提升，全国销售额每年以20%左右的速度增长，2020年销售总额达到3亿元人民币。随着销售业务的迅速增长，市场部每年接待的客户人数也随之增长。

目前市场部只有一辆老旧的面包车，用于接待客户及销售人员进行本市的销售推广和销售回访工作，而本部门需要用车的人员为10人，一辆面包车已经远远不能满足业务需要。

添置商务用车已经到了刻不容缓的地步，因此，我部请求增加两部商务用车（型号为××××），预计购车总费用为××××万元。

妥否，请批示。

××公司市场部

××××年×月×日

3.7

批复

财务人员秋菊在向我请示调查公司内部不明的大额支出后，我给予了肯定性的回答，使用批复这一文种，告诉秋菊尽快进行调查，授予了秋菊专项调查权力。

关于给予财务部专项调查权力请示的批复

财务部：

你部门关于给予财务部专项调查权力的请示知悉。

同意给予秋菊专项权力调查公司内部不明原因的大额支出，此事由秋菊全权负责，公司其他同事要尽力配合。

总经理　×××

××××年×月×日

当员工在提出请示后，上级领导进行回复，需要使用批复这一文种。

3.7.1　批复的类型和特点

企业批复是答复下级的请示事项时使用的文种，属于下行文。批复与请示是一组对应公文，先有请示，后有批复。

|1| 批复的类型

由于企业批复是对下级请示的回复，上级可以同意也可以拒绝，因此批复可分为肯定性批复和否定性批复。

|2| 批复的特点

企业批复具有以下三个特点。

（1）权威性

企业批复是上级答复下级的请示时使用的文种，是上级意志的集中体现，下级必须严格贯彻执行，不得违背。

（2）针对性

企业批复的针对性主要体现在特定的批复内容和批复对象上。首先，批复的内容要依据请示事项而定，下级请示什么问题，上级就回答什么问题，批复内容具有针对性；其次，上级的批复只针对下级的请示制发，简单来说，就是谁提出请示就批复给谁，批复对象具有针对性。

（3）指示性

发布批复的目的是指导下级的工作，为下级在工作中遇到的问题提供解决方案，具有很强的指示性。

3.7.2　批复的基础写作范式和格式

批复在内容上有所不同，但在写作框架和格式上是一致的。

|1| 企业批复的基础写作范式

批复一般包括标题、正文和落款三部分。

（1）标题

企业批复标题的写作方式主要有以下三种。

① 完全式标题

完全式标题通常由"发文单位全称＋批复事项＋行文对象＋批复"构成，是批复内容的完整表达。比如，《×× 公司关于同意为员工租赁宿舍问题给 ×× 部门的批复》。

② 省略式标题

根据需要，企业公文写作人员可以省略发文单位全称和行文对象，省略式标题通常由"关于＋批复事由＋批复"构成。比如，《关于同意破格提拔 ×× 同志为销售经理的批复》。

③ 特殊式标题

还有一种特殊的拟写方法为"发文单位＋原请示标题＋批复"，例如，《×× 公司＜关于破格提拔 ×× 同志为销售经理的请示＞的批复》。

（2）正文

企业批复正文的内容一般分为主送单位、批复引语、批复事项、批复结语四部分，如图 3-20 所示。

图 3-20　批复正文的写作公式

① 主送单位

主送单位指受文单位名称，企业批复的受文单位只有一个，为上报请示事项的单位或部门。

② 批复引语

批复的开头是引述来文，引用公文应当先引标题，后写发文字号。使批复有针对性地处理请示事项。例如，"你部门《关于添置办公设备的请示》（办发〔2020〕13 号）收悉"。

③ 批复事项

上级机关应针对请示中提出的问题，给予明确具体的答复。如果完全同意请示内容，就陈述肯定性意见，一般要先把请示事项的内容简要复述，而不能笼统地写"同意"。如果是部分同意请示内容，要明确写明同意的内容以及不同意部分的理由。如果不予同意，一定要在否定性意见后简要写明理由。

企业公文写作人员在拟写批复时，应该事先进行充分的调研，核实请示事项的真实性、准确性和必要性。

④ 请示结语

批复可以使用"此复""特此批复"等作为结语。批复结语也可以省略。

（3）落款

企业批复的落款包括发文单位或个人名称、成文日期、印章。

|2| 企业批复的基础格式范本

发文单位名称+关于+批复事项+的请示（二号小标宋体）

主送单位：（标题下一行顶格，三号仿宋）

批复引语 + 批复事项 + 批复结尾。（主送单位下一行空两格，三号仿宋）

附件：××××（正文下一行空两格）

发文单位（右对齐，三号仿宋）

2020 年 9 月 30 日（右对齐，用阿拉伯数字）

3.7.3 肯定性批复的写作要点、模板、范例

肯定性批复是上级同意下级请求，认可下级意见或做法的批复。

|1| 肯定性批复的写作要点

肯定性批复主要为了表明上级机关同意相关请示，不涉及其他问

题。在拟写肯定性批复时，企业公文写作人员要表明态度，必要时可在表态后提出贯彻执行要求。

|2| 肯定性批复的写作模板

表 3-22 所示为肯定性批复的写作模板。

表 3-22　肯定性批复的写作模板

标题	××公司（部门）关于××××问题（请示事项）的批复
主送单位	××××：
正文	你部门《关于××××的请示》（文号）收悉。鉴于××××情况，根据××××规定（依据），现就该问题批复如下。 一、原则同意××××。 二、××××（具体要求）。 请你们××××（提出做好此项工作的希望和要求）。
落款	××公司（部门） ××××年×月×日

|3| 肯定性批复的写作范例

关于购买商务车请示的批复

市场部：

　　你部门《关于购买商务车的请示》收悉。鉴于目前销售业绩的迅速提升以及市场部用车需求的增长，经公司领导层共同商讨研究，现就该问题批复如下。

　　一、原则上同意购买两部商务用车（型号为××××），预计购车总费用为××××万元。

　　二、你部门尽快与财务部门对接，提出购买需求，由财务部门采购商务用车。

　　三、请市场部员工珍惜和爱护公司商务用车，不使用公司商务用车办理个人事务。

总经理　×××
××××年×月×日

3.7.4 否定性批复的写作要点、模板、范例

否定性批复是上级对于下级的请示表明不同意态度的公文。

| 1 | 否定性批复的写作要点

否定性批复在写作时，主要需要表达不同意的态度并陈述不同意的原因，也可提出指导意见，使下级在请示不被批准的情况下有其他办法解决问题。

| 2 | 否定性批复的写作模板

表 3-23 所示为否定性批复的写作模板。

表 3-23 否定性批复的写作模板

标题	××公司（部门）关于××××问题（请示事项）的批复
主送单位	××××：
正文	你部门《关于××××的请示》（文号）收悉。经××××（部门组织或会议或人员）研究，公司不同意你部门关于××××问题的请示。主要原因如下。 一、××××。 二、××××。 特此批复。
落款	××公司（部门） ××××年×月×日

| 3 | 否定性批复的写作范例

××公司关于不同意提高产品价格的批复

市场部：

你部门《关于提高产品价格的请示》收悉。经研究，不同意你们用提高产品价格扭亏为赢的做法。原因如下。

一、提高产品价格将会引起老客户的不满，影响公司品牌形象。

二、提高产品价格会降低部分客户的消费需求，使其转而消费其他竞品。

你部门应该加强市场调查和加速技术改造，开发新的产品，提高产品竞争力，以适应国内市场需要，这才是扭亏为赢的根本途径。

此复。

××公司

××××年×月×日

3.8

函

某年，我所在的部门要在年后派遣 5 名员工到位于北非的阿拉伯国家工作，但这 5 名员工都不会阿拉伯语，为此，领导要求我写一封函，请求企业行政部门安排这 5 名员工进行阿拉伯语培训。

××部门关于请求安排即将驻非员工学习阿拉伯语的函

行政部：

我部门现有 5 名员工，即将于 ××××年×月×日前往位于北非的阿拉伯国家工作，但这 5 名员工都不会阿拉伯语。为了方便工作的开展，请求行政部于 ××××年×月×日-××××年×月×日，安排这 5 名员工进行基础阿拉伯语培训。

现就这一事宜，特此函告，望尽快回复您部门意见。

联系人：××××

联系电话：××××

电子邮箱：××××

××部门

××××年×月×日

在企业公文写作中，如遇不相隶属的机构、部门之间需要进行沟通，需要使用函这一公文文种。

3.8.1 函的类型和特点

企业函是一种适用于不相隶属单位、部门之间相互商洽工作，询问和答复问题，或者向有关主管部门请求批准事项，向上级询问具体事项的公文文种。

|1| 函的类型

根据行文的主动性与被动性，企业函可简单区分为发函和复函两种类型。发函是指平行单位之间或不相隶属单位之间商洽工作、询问问题或请求批准的公文文种；复函是对来函给予答复的公文文种，如图3-21所示。

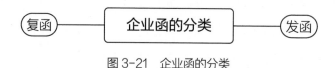

图3-21　企业函的分类

由于函的内容覆盖范围非常广泛，凡是不相隶属单位、部门之间相互商洽工作，询问和答复问题，或者向有关主管部门请求批准事项等均可使用函这一文种，因此无须依据函的内容进行特定分类。

|2| 函的特点

企业函与其他公文文种相比较为特殊，除在发文对象上有所限制外，其他方面几乎没有过多限制，因而具有以下两大特点。

（1）灵活性

函的使用范围较广，凡是不相隶属的单位之间，平级的部门之间均可用函，不受部门、级别、地域的限制，使用较为灵活。另外，企业函的格式也较为灵活，可按照党政机关公文函的要求写作，也可根据企业自身需求制定。

（2）沟通性

企业函对于不相隶属的机关之间相互商洽工作、询问和答复问题起着沟通作用。在不相隶属的机关之间，应坚持"函来函往"的原则，使用函这一文种进行沟通、交流。

3.8.2 函的基础写作范式和格式

企业函是一种平行文种，在现实中适用范围相当广泛。

|1| 函的基础写作范式

函一般包括标题、正文和落款三部分。

（1）标题

企业函的标题写作方式主要有以下三种。

① 完全式标题

完全式函标题通常由"发文单位全称＋关于＋事由＋函"构成。比如，《××企业关于请××安保集团准备安全保卫工作经验材料的函》。

② 省略式标题

根据写作需要，写作人员可以省略发文单位全称，省略式请示标题通常由"关于＋事由＋函"构成。比如，《关于请××安保集团准备安全保卫工作经验材料的函》。

③ 复函标题

复函的标题中要标明"复函"，还可加回复对象。例如，《××企业关于同意××企业暂时借调员工的复函》。

（2）正文

企业函正文的内容一般分为主送单位、发函缘由、发函事项、希望要求和函结语五部分，如图3-22所示。

图3-22 企业函正文的写作公式

① 主送单位

主送单位指受文单位名称，企业函的主送单位一般只有一个，也有多个存在。复函的主送单位就是来函的发文单位。

② 发函缘由

阐述发出函件的原因、目的、背景等。

③ 发函事项

发函的具体事项说明。

④ 希望要求

提出希望或要求。

⑤ 函结语

发函的结语惯用语一般报告"特此函达""即请复函""敬请回复""务希见复""请研究后复函"；复函的结语惯用语一般包括"特此函复""特此函告""此复"。也可写完希望要求后结束正文，不加结语。

（3）落款

企业函的落款包括发文单位或个人名称、成文日期、印章。

｜2｜企业函的基础格式范本

发文单位名称+关于+发函事项+的函（二号小标宋体）

主送单位：（标题下一行顶格，三号仿宋）

　　发函缘由 + 发函事项 + 希望要求 + 函结语。（主送机关下一行空两格，三号仿宋）

　　附件：××××（正文下一行空两格）

发文单位（右对齐，三号仿宋）

2020 年 9 月 30 日（右对齐，用阿拉伯数字）

3.8.3　发函的写作要点、模板、范例

发函是主动发出去的函，需准确表明发函目的，说明具体问题和事项，提出要求或希望并请对方回复。

|1| 发函的写作要点

发函行文应该郑重，体现出平等、尊重、真诚的态度，切忌凌驾于人。表达应该清晰、明确，一文一事，让受文单位准确接收信息。

|2| 发函的写作模板

表 3-24 所示为发函的写作模板。

表 3-24　发函的写作模板

标题	××公司（部门）关于××××征求意见（函事项）的函
主送单位	××××：
正文	为了××××（目的），根据××××（依据），我们拟进行××××工作。现就××××问题征求你们的意见，请提出修改意见，并与××××年×月×日前函告××××。 联系人：×××× 联系电话：×××× 电子邮箱：××××
落款	××公司（部门） ××××年×月×日

|3| 发函的写作范例

××公司关于××款项的催款函

××公司：

截至××××年×月×日，我公司账面尚有贵公司欠款××元（大写人民币××××元整）。按照与贵公司的有关合同协议约定，贵公司应当在××××年×月×日之前支付上述款项，但我公司至今仍未收到该笔款项。

因此，特请贵公司在近期内及时向我公司支付上述款项。

特此函告。

××公司

××××年×月×日

3.8.4 复函的写作要点、模板、范例

复函是收到其他企业或部门的发函后进行回复的函，只有在有来函的情况下才需要复函。

|1| 复函的写作要点

复函需要针对发函提出的问题展开，准确表明态度和立场，答复询问；指示解决问题的办法；提出希望或要求。

|2| 复函的写作模板

表 3-25 所示为复函的写作模板。

表 3-25 复函的写作模板

标题	×× 公司（部门）关于 ×××× 问题的复函
主送单位	××××：
正文	贵公司《关于征求 ×××× 意见的函》（文号）收悉。经研究，现将我们的意见函复如下。 一、我公司同意（不同意）××××。 二、××××（具体意见）。 特此函复。
落款	××公司（部门） ××××年×月×日

|3| 复函的写作范例

××部门关于同意调低产品出厂价格的复函

××营销公司：

贵公司《关于商请降低代销产品价格的函》（×× 字 ×× 号）收悉。

经研究，同意你们提出的调整我厂产品出厂价格、靠拢市场均价的建议，决定从今年 3 月 1 日起调低我厂产品的出厂价格，在原合同价格的基础上统一降低 200 元人民币 / 吨。希望贵公司主推我厂产品，共图发展。

特此函复。

×× 公司

××××年×月×日

第 4 章

企业讲话类公文的写作方法与范例

企业讲话类公文是在企业中涉及口头表达的公文，例如开会时大家的发言；一些活动上需要发表的讲话等。企业常用的讲话类公文多涉及会议或活动，包括会议通知、会议记录、会议纪要、开/闭幕词和讲话稿等。

4.1

会议通知

会议通知是企业最常用的公文之一。我刚入职华为时，认为会议通知很简单，只需要写明参会人员、开会时间、开会地点即可。可经过多次实践，我发现会议通知中蕴含着很多信息，如果不将这些信息清晰、准确地传达出来，会造成很多误解。

有一次我所在的企业举办招商大会，参与人员是全国各地的供应商，会议地点设置在深圳的一家酒店里。我的会议通知如下所示。

××公司关于召开2015年度招商大会的通知

各供应商：

2015 年招商大会即将召开，以下是会议具体信息。

会议时间：2015 年 12 月 31 日上午 8 点开始签到，会议 9 点开始，会议时间为 9:00—12:00，共 3 小时。

会议地点：深圳市 ×× 酒店。

会议主要议题：新产品发布，面向全国供应商招商。

参加人员：×× 企业招商部全体员工、全国各供应商。

×× 公司

××××年×月×日

当我把这份会议通知拿给领导审核时，领导问了我三个问题：

"这家酒店在深圳一共有 12 家分店，福田区有，罗湖区也有，参会人员到底要去哪个区的酒店开会？"

"这家酒店一共有 15 层，大大小小的会议室加起来一共有 8 个，参会人员要在哪个会议室开会？"

"各个供应商到底参不参加会议，参加的话来几个人？这些你不需要知道吗？"

当领导问完我这三个问题后，我羞愧地低下了自以为是的头。

会议通知表面看起来是简单的公文，真正操作起来往往最容易出错。比如像我一样没有把地址写详细，或者没有要求收到会议通知的供应商回复是否参加等，看似是粗心大意和没有思虑周详所致，实际上是企业公文写作人员没有进入公文写作的"定式思维"[①]。许多初入职场的"小白"都在会议通知的写作上栽过"跟头""吃过亏"。公文写作人员把"会议通知"的要素、写法、格式都记牢了，就逐渐形成了公文写作的"定式思维"。

4.1.1 会议通知的特点

会议通知是企业召开会议之前广泛应用的书面通知中的一种。它具有以下三个特点。

|1| 知照性

会议通知的写作目的是告知参会者会议的相关信息，其最基本的特点就是知照性，使参会者了解会议信息，准时到达会议场地，并能根据会议通知做好会议准备工作。

|2| 时效性

会议通知是事前行文，会议的召开有具体的时间，这就决定了企业会议通知具有时效性，需在会议开始前发出，过期作废。通常情况下，会议时间超过一天的，需要提前至少三天通知；会议时间不长且会议地点不远的，只需提前一天通知。

|3| 准确性

会议通知的内容具有准确性，对参会者具有重要的指导意义。一旦会议通知的内容出现错误或不够准确造成歧义，将极大地影响会议的召开。

[①] 定式思维：是指人们在面对问题时，一直照同一种方式来思考、理解、分析，久而久之，就在思考问题时形成一种习惯，阻碍思维的开放性和灵活性，形成思想上所谓的"偏见"

会议通知的具体内容不同，但写作方法一致。

|1| 会议通知的基础写作范式

会议通知一般包括标题、正文和落款三部分。

（1）标题

会议通知标题的写作方式主要有以下两种。

① 完全式标题

完全式标题通常由"发文单位全称＋会议通知事项＋通知"构成，是会议通知内容的完整表达。比如，《××公司关于召开××年度总结会议的通知》。

② 省略式标题

会议通知在大部分情况下是企业内部行文，可以省略发文单位全称或会议通知事项，如《关于召开××年总结会议的通知》或《会议通知》。

（2）正文

会议通知正文的内容一般分为主送单位、会议目的、会议事项、结语四部分。

图 4-1 所示为会议通知正文的写作公式。

图 4-1　会议通知正文的写作公式

① 主送单位

主送单位指受文单位名称，企业会议通知大多是下发到下属单位或部门的，需要明确写清受文单位或参会对象。

② 会议目的

在会议通知正文的开头，通常需要点明召开会议的目的、依据或意义，以引起受文对象的重视。

③ 会议事项

会议通知需要详细说明参会的相关事项，保证参会者能够准确无误地收到参加会议所需的信息。会议规模、性质、会议具体内容不同，会议通知的详略程度也不同。

总结一下，会议通知中需要写明的事项包括会议名称、会议时间与期限（具体到年月日、星期、上下午、时、分）、会议地址、参会者范围、参会者资格条件、参会人数、食宿安排、交通安排、入场凭证、需携带的文件物品、筹办会议者的名称、负责人、联系电话、联系地址等。

④ 结语

通常以"特此通知"作为结语，当会议通知中对某些事项进行了要求时，可以使用"做好各种准备""上报参会者名单""上报有关材料"等作为结尾。

（3）落款

企业会议通知的落款包括发文单位或个人名称、成文日期、印章。

| 2 | 企业会议通知的基础格式范本

互联网逐渐普及之后，很多企业的会议通知会通过电子邮件、微信或 QQ 等形式发布，会议通知的格式也可由发布者自行决定。以下是企业会议通知的标准格式范本。

（1）企业会议通知格式范本

发文单位名称＋关于＋会议通知事项＋的通知（二号小标宋体）

主送单位：（标题下一行顶格，三号仿宋）

会议目的＋会议通知事项＋会议结语。（主送单位下一行空两格，三号仿宋）

附件：××××（正文下一行空两格）

发文单位（右对齐，三号仿宋）

2020 年 9 月 30 日（右对齐，用阿拉伯数字）

（2）企业会议通知的格式说明

在写会议时间、会议地点、会议主题等重要事项时，需要分段着重说明。

4.1.3　会议通知的写作要点、模板和范例

企业会议通知的写作要点、模板和范例如下。

|1| 会议通知的写作要点

① 通知事项必须完整无遗漏，一切与会议相关、需要让参会者知晓的信息，都需准确无误地写明。

② 对于日程较长或内容较为丰富的会议，会议通知可附上各种附件，如会场座位次序安排、住宿安排、就餐安排和详细的日程安排等。

③ 不能过于概括和笼统，相关人员、单位应该写清楚，不能写成"有关人员""有关单位"。

|2| 会议通知的写作模板

表 4-1 所示为会议通知的写作模板。

表 4-1　会议通知的写作模板

标题	×× 公司（部门）关于 ×××× 会议的通知
主送单位	××××（参会对象）：
正文	为了××××（会议目的），公司（部门）决定召开"××××会议"（会议名称）。具体事项通知如下： 会议时间：××××（会议具体时间），为期×天。 会议地点：××××（会议具体地点，可附地图）。 会议主要议题：×××××××××（会议主题）。 参加人员：×××××××××（参会人员）。 请各相关单位，认真做好会议准备工作。 附件：会议具体日程安排
落款	×× 公司（部门） ××××年×月×日

××公司关于召开2020年度市场销售工作总结会议的通知

公司市场部、公关部、广告部、研发部：

为了总结本年度公司市场销售工作经验，更好地开展明年的销售工作，公司决定召开"2020年度公司市场销售工作总结会议"，具体事项通知如下。

会议时间：2020年12月31日上午8点开始签到，会议9点开始，会议时间为9:00—12:00，共3小时。

会议地点：本市平湖大酒店第二会议室。

会议主要议题：总结2020年度公司市场销售工作情况，提出奖惩，讨论2021年度市场销售计划。

参加人员：公司主管领导，公司市场部、公关部、广告部、研发部全体成员。

附件：平湖大酒店地址

××公司

××××年×月×日

4.2

会议记录

我现在的团队规模不大，同事们常常需要"身兼多职"。当我们召开会议时，助理媛媛在一旁进行会议记录。

会后，我让媛媛把会议记录发给我，我根据会上讨论的几个重点问题拟定相应制度。可没想到会议记录的前半部分字迹密密麻麻，几乎将每个人所讲的每句话都记录下来了，包括参会人员之间的寒暄；本该记录重点议题的后半部分，却只断断续续地记录了一些内容，有些甚至不能形成完整的句子。

媛媛向我解释道："会议刚开始大家语速都挺慢，我还能跟上，后来大家说得越来越快，话题的转换次数也越来越多，我就逐渐跟不上了。"

我有些哭笑不得，我告诉媛媛："企业内部的会议记录，不是特别重大的会议，不需要一字一句记录所有人的话，只有涉及会议重点内容的要点部分才需要详细记录下来。"后来我只能根据自己的印象，将会议中的重点内容整理出来。

4.2.1 会议记录的类型和特点

会议记录是在会议进行中完成的对会议组织状况和会议内容的原始记录，经履行必要的程序手续（整理、讲话人或有关领导审阅签字、记录者签字等）后生成。

会议进行过程中连续编发的会议简报[①]，以及会议后期制作的会议纪要，都要以会议记录为重要素材。会议记录是会议简报和会议纪要形成的基础。会议记录人员要提前到达会场，并落实好用来做会议记录的位置。记录席位要尽可能靠近主持人、讲话人或扩音设备，以便于准确清晰地聆听会议内容。

|1| 会议记录的类型

根据对内容记录的详略程度，可将会议记录分为两种：摘要性记录和详细性记录，如图 4-2 所示。

图 4-2 会议记录的两大类型

---

① 会议简报：会议期间为反映会议进展情况、会议讲话中的意见和建议、会议议决事项等内容而编写的简短的小报。

| 2 | 会议记录的特点

会议记录主要具有同步性、实录性、完整性和规范性。

（1）同步性

会议记录是从会议开始便随着会议进程同步进行的，具有同步性。

（2）实录性

会议记录要坚持"怎么讲就怎么记"的原则，不允许在记录中加入个人观点或倾向，更不能增添、删减讲话者的言论，也不能移花接木、张冠李戴。

（3）完整性

会议记录要将会议的时间、地点、出席人员、主持人、会议议程等基础情况，以及领导讲话，参会者讲话，会议人员之间的讨论和争议、达成的意向和结果等重要内容，都完整记录下来，不能选择性记录。

（4）规范性

尽管会议记录在会后还需整理，但为了减少后期整理的工作量，并使会议记录能让人看懂，需要将会议记录写得规范。这种规范主要体现在使用特定的记录用纸、统一的记录格式及规范的记录符号。另外，会议记录如果是手写版本，需要字迹清晰能够辨认。

4.2.2 会议记录的基础写作范式与格式

会议记录人员可根据企业要求或自身习惯记录会议事项，但会议记录也有其规范的写作格式。

| 1 | 会议记录的基础写作范式

会议记录一般包括标题、正文和落款三部分。

（1）标题

会议记录的标题写作方式主要有以下两种。

① 完全式标题

完全式标题通常由"发文单位全称＋会议名称＋会议记录"构成，

比如，《××公司行政办公会会议记录》。

②省略式标题

会议记录在大部分情况下是企业内部行文，可以省略发文单位全称，如《××年度总结会议会议记录》。

（2）正文

会议记录正文的内容一般分为会议组织状况、会议内容、结语三部分。由于会议记录是对会议的实时记录，不需要上传下达，因此在记录时没有主送单位。

图4-3所示为会议记录正文的写作公式。

图4-3　会议记录正文的写作公式

①会议组织状况

会议组织状况通常为与会议相关的基础信息，包括会议名称、会议地址、会议时间、出席情况、参会人员、主持人、记录人等。

②会议内容

会议内容包括会议议题、参会人员讲话情况、会议最终决定的结果等会议过程中产生的各类信息。

③结语

会议记录的结语可以不写，伴随着会议内容的结束而结束，也可以使用会议最后采用的语句"散会""会议到此为止"等。

要写好企业会议记录，需要记录者不断训练，做到"快""准""全""清"。

①快

快，就是记录速度要快，能迅速感知讲话内容并尽快转换成文字形式。

②准

准，是指准确记录会议内容，保证精确记录原意或原话。

③ 全

全，是指在记录时，要做到全面、完整。对详细性记录而言，要力争不漏一字一句。

④ 清

清，是指字迹清晰、整齐端正，段落层次分明。

（3）落款

会议记录的落款与其他企业公文的落款不同，会议记录需要主持人、参会领导过目后，签上姓名以示会议记录符合要求，记录人员也需签名，证明该记录为自己所记。

|2| 会议记录的基础格式范本

会议记录的格式通常由企业自行决定，需要做到清晰明了、完整无缺。很多情况下，为了让会议记录看起来更整齐、美观，还会使用表格记录。

（1）会议记录的格式范本

发文单位全称+会议名称+会议记录

会议组织状况＋会议内容＋结语

领导：×××（签名）

主持人：×××（签名）

记录人：×××（签名）

（本会议记录共 × 页）

（2）会议记录的格式说明

会议记录的字体、字号由记录者自行把握，标题的字号通常大于正文字号。正文内字体、字号应保持一致，不要在一篇会议记录中频繁更换字体、字号。

4.2.3 摘要性会议记录的写作要点、模板和范例

摘要性会议记录是指只记录讲话要点和议题、结论、决定决议、表

决结果等重要信息的记录，常用于一般性会议。

|1| 摘要性会议记录的写作要点

摘要性会议记录需要将讲话者讲述问题的基本观点与主要事实、结论，对他人讲话的表态等，作摘要式的记录，不必有闻必录。某些重要的议题或重要人物的讲话，需要记录下全部内容。

通常情况下，会议中应记录的重点包括：

① 会议中心议题以及围绕中心议题展开的有关讨论；

② 会议讨论、争论的焦点及各方的主要见解；

③ 权威人士或代表人物的言论；

④ 会议开始时的定调性言论和结束前的总结性言论；

⑤ 会议已议决的或议而未决的事项；

⑥ 对会议产生较大影响的其他言论或活动。

|2| 摘要性会议记录的写作模板

表 4-2 所示为摘要性会议记录的写作模板。

表 4-2　摘要性会议记录的写作模板

标题	×× 企业（部门）×××× 会会议记录
主送单位	无
正文	时间：××××年×月×日××时至××时 地点：×××××× 出席人：××× ××× ××× ××× ××× …… 缺席人：××× ××× ××× …… 主持人：××× 记录人：××× 主持人讲话：××××××。（重要言论） 参会者讲话：××××××。（重要人员讲话、重点言论） 会议决定：××××××。 散会。
落款	领导：×××（签名） 主持人：×××（签名） 记录人：×××（签名）

××企业一月第三周管理者读书会会议记录

会议时间：2021 年 1 月 22 日上午 9:00—11:00。

会议地点：综合会议室

出席人员：总经理胡××、行政部管理人员易××、市场部管理人员魏××、技术部管理人员张××、人事部管理人员汪××共5人。

缺席人：无

主持人：杨××

记录人：章××

主持人杨××讲话：今天是 2021 年 1 月 22 日，我们在此召开一月第三周管理者读书会，为了使管理者把管理工作做得更好，成为一个有思想、有见地的高级管理者，总经理胡××先生每周带领企业各部门领导者阅读一本管理类图书。本周我们将阅读的图书为《阿里巴巴管理三板斧》。

总经理胡××：本周阅读《阿里巴巴管理三板斧》第 4 章"招人四部曲"的内容。阿里巴巴招聘人才分为四个步骤，即"闻味道、明确人才观、设置员工画像、用行为面试法选择正确的人"，每人阅读半小时，发表各自的见解，要求精读、细读。

行政部管理人员易××：通过阅读这一章的内容，我发现阿里巴巴非常注重员工的价值观是否与企业的价值观相契合，一个人的价值观是很难改变的，管理者不应当奢望招进一个人之后再来改变他的价值观，一定要在一开始招人时就判断这个人的价值观是否与我们公司相符。

市场部管理人员魏××：作为管理者一定要有洞察力，能够通过"行为面试法"等方法，透过应聘人员的言语、举止，看到他内在的真实想法，具有透过现象看本质的能力。

技术部管理人员张××：阿里巴巴要求员工学会自省，在工作中我们要经常询问自己"我还有哪些地方没做好，我还有哪些地方可以改进"，在不断的反思中，才能不断地成长。

人事部管理人员汪××：阿里巴巴使用的"北斗七星选人法"对我们公司也比较适用，除了观察员工的行为、技能、知识储备外，还需要观察他的态度、个性特质、自我形象、价值观、内驱力和角色定位。

总经理胡××：根据阿里巴巴的招聘制度，结合我公司的实际情况，我们现在将招聘制度进行优化。

优化事项一：公司邀请××大学管理学教授，分析所有优秀员工，总结他们的特点，形成专门的人才画像，以后招人时就按照人才画像的标准招。

优化事项二：奉行"招聘权不下放"原则，在人事部门面试过应聘人员之后，由部门主管集体进行复试，保证招聘到的员工与企业价值观相符。

散会。

总经理：胡××

主持人：杨××

记录人：章××

4.2.4 详细性会议记录的写作要点、模板和范例

详细性会议记录是指会议中有言必录，不仅要求记录会议讲话者的观点，还要将原话记录下来，适用于极其重要的会议。

|1| 详细性会议记录的写作要点

详细性会议记录的写作要求全面记录会议内容，非常考验记录者的记录速度和准确性。

|2| 详细性会议记录的写作模板

表4-3所示为详细性会议记录的写作模板。

表 4-3 详细性会议记录的写作模板

标题	××企业（部门）××××会会议记录		
主送单位	无		
正文	时间：××××年×月×日××时至××时 地点：××××× 出席人：×××××××××××…… 缺席人：××××××…… 主持人：××× 记录人：××× 主持人讲话：××××××。（所有言论） 参会者讲话：××××××。（依此记录所有言论） 会议决定：××××××。 散会。		
落款		领导：×××（签名） 主持人：×××（签名） 记录人：×××（签名）	

| 3 | 会议详细性会议记录的写作范例

××企业一月第三周管理者读书会会议记录

会议时间：2021 年 1 月 22 日上午 9:00—11:00。

会议地点：综合会议室

出席人员：总经理胡××、行政部管理人员易××、市场部管理人员魏××、技术部管理人员张××、人事部管理人员汪××共 5 人。

缺席人：无　主持人：杨××　记录人：章××

主持人杨××讲话：大家好，今天是 2021 年 1 月 22 日，我们在此召开一月第三周管理者读书会，为了使管理者把管理工作做得更好，成为一个有思想、有见地的高级管理者，总经理胡××先生每周带领企业各部门领导者阅读一本管理类图书。本周我们将阅读的图书为《阿里巴巴管理三板斧》。

总经理胡××：本周阅读《阿里巴巴管理三板斧》第 4 章"招人四部曲"的内容。阿里巴巴招聘人才分为四个步骤，即"闻味道、明确人才观、设置员工画像、用行为面试法选择正确的人"，每人阅读半小时，发表各自的见解，要求精度、细读。

各部门管理人员开始阅读《阿里巴巴管理三板斧》第四章内容，时间为半小时。半小时后，各部门管理人员开始发表自己的见解。

　　行政部管理人员易××：通过阅读这一章的内容，我发现阿里巴巴非常注重员工的价值观是否与企业的价值观相契合，一个人的价值观是很难改变的，管理者不应当奢望招进一个人之后再来改变他的价值观，一定要在一开始招人时就判断这个人的价值观是否与我们公司相符。我们部门曾经就有一个员工，专业水平很高，当时招聘进来的时候我非常满意，但是第一个月过去了，他没有什么进步，第二个月过去了，他还是没什么进步，第三个月我就让他直接走了。

　　市场部管理人员魏××：作为管理者一定要有洞察力，能够通过"行为面试法"等方法，透过应聘人员的言语、举止，看到他内在的真实想法，具有透过现象看本质的能力。我觉得易××说得很对，价值观真的很重要，有些人就是不能吃苦耐劳，稍微复杂一点的工作就不想干，这样肯定是不行的。

　　技术部管理人员张××：阿里巴巴要求员工学会自省，在工作中我们要经常询问自己"我还有哪些地方没做好，我还有哪些地方可以改进"，在不断的反思中，才能不断地成长。

　　人事部管理人员汪××：阿里巴巴使用的"北斗七星选人法"对我们公司也比较适用，除了观察员工的行为、技能、知识储备外，还需要观察他的态度、个性特质、自我形象、价值观、内驱力和角色定位。

　　主持人杨××：根据阅读后的感想，大家讨论一下，我们公司的招聘制度该如何改进。

　　大家开始讨论。

　　易××说："我认为应该设立人才画像。"张××说："我认为应该更严格地招人。"汪××说："我认为应该设立初试和复试。"

　　总经理胡××：根据阿里巴巴的招聘制度，结合我公司的实际情况，我们现在将招聘制度进行优化。

优化事项一：公司邀请××大学管理学教授，分析所有优秀员工，总结他们的特点，形成专门的人才画像，以后招人时就按照人才画像的标准招。

优化事项二：奉行"招聘权不下放"原则，在人事部门面试过应聘人员之后，由部门主管集体进行复试，保证招聘到的员工与企业价值观相符。

这两个优化事项从今天开始由人事部门负责落实，大家有什么想说的可以会后在群组里讨论。

散会。

总经理：胡××

主持人：杨××

记录人：章××

4.3

会议纪要

每周一团队都会举行例行周会。周会流程包括三部分：一是上周工作的完成情况；二是上周工作的经验总结、问题说明；三是本周工作目标的制定。

助理媛媛负责记录会议情况并整理会议纪要。起初，媛媛在整理会议纪要时，总是抓不住重点，她将会上所有人的发言都记录下来，然后按顺序逐条整理出来，形成会议纪要。

会议纪要并非会议记录，而是对会议重点内容的概括性整理，不需要逐条整理。后来她学会按照会议内容的三大部分，将会议纪要分成相应的三部分，总结出每部分的重点内容，形成直观、简明的会议纪要。

会议纪要主要用于记载、传达会议情况和议定事项。会议纪要的应用较为广泛，既可上呈又可下达，能够沟通情况、交流经验、记载事项和指导工作。

|1| 会议纪要的特点

（1）纪实性

要如实反映会议的基本内容和议定事项，未讨论议题不能写进会议纪要。

（2）纪要性

会议纪要是根据会议情况综合而成的，因此，撰写会议纪要时应围绕会议主旨及主要成果来整理、提炼和概括，重点应放在介绍会议成果，而不是叙述会议的过程。

（3）约束性

会议纪要与其他行政性企业公文一样，具有一定的约束力，需要公开张贴，能够指导企业后续工作。

|2| 会议纪要与会议记录的区别

会议纪要与会议记录的不同主要有两点，见表4-4。

表4-4 会议纪要与会议记录的两点不同

不同点	会议纪要	会议记录
性质不同	会议纪要是对会议中的主要内容及议定的事项进行整理、概括的文件，具有指导性	会议记录是对会议内容的实时记录，具有实录性
功能不同	会议纪要通常要在一定范围内传达或传阅，要求贯彻执行	会议记录一般不公开，无须传达或传阅，只作资料存档

会议纪要的基础写作范式与格式如下。

| 1 | 会议纪要的基础写作范式

会议纪要一般包括标题、正文和落款三部分。

（1）标题

企业会议纪要标题的写作方式主要有以下两种。

① 完全式标题

完全式标题通常由"发文单位全称＋会议主题＋纪要"构成，比如，《×× 公司 2020 年度工作总结会议纪要》。

② 省略式标题

会议纪要在大部分情况下是企业内部行文，可以省略发文单位全称，如《2020 年度工作总结会议纪要》。

（2）正文

会议纪要正文的内容一般分为导语、决议事项、结语三部分。

图 4-4 所示为会议纪要正文的写作公式。

图 4-4　会议纪要正文的写作公式

① 导语

简要介绍会议名称、目的、时间、地点、参与人员、报告人员、会议议程、会议总体效果等会议的基本情况。

② 决议事项

会议要点，针对会议主题做出的决定等。在撰写决议事项时，要注重突出会议重点和主题，不需要事事记录，要实事求是地反映会议情况，会议中未讨论或未达成共识的事项一定不能写成议定事项。

③ 结语

会议纪要的结语通常为待处理的问题、提出的号召或要求。

（3）落款

会议纪要的落款包括会议单位和成文时间。如果在正文中已交代会议时间、会议单位等内容，一般省略落款部分，不写成文时间与机构，不加盖公章，也不署名。

|2| 会议纪要的基础格式范本

会议纪要在企业内部通行，通常需按照企业内部规定的字体、字号标准执行。有些企业没有进行过多规定，则要求公文写作人员统一字体和字号。

（1）会议纪要的格式范本

发文单位全称+会议主题+纪要

导语＋决议事项＋结语。

发文单位

2020 年 9 月 30 日

（2）会议纪要的格式说明

会议纪要的格式与会议记录的格式一致，对于内容较复杂、重点较多的会议纪要，需要分段说明。

4.3.3 会议纪要的写作要点、模板与范例

会议纪要写作中要重点把握带有决议事项的会议纪要，决议事项的内容可能是与各方或相关利益方的职责权利的划分与界定、就某些问题达成的统一认识、会议提出的号召与要求，或是提出执行议定事项的措施或要求。

|1| 会议纪要的写作要点

会议纪要写作要严肃、严谨，语言表达要概括、简约、明确。

|2| 会议纪要的写作模板

表 4-5 所示为会议纪要的写作模板。

表 4-5　会议纪要的写作模板

标题	××公司（部门）××××会议纪要	
主送单位		
正文	时间：××××年×月×日××时至××时 地点：×××××× 出席人：××× ××× ××× ××× ×××…… 主持人：××× 会议决议事项： 一、××××××； 二、××××××； 三、××××××。 其他方面问题： 一、××××××； 二、××××××。	
落款	××公司（部门） ××××年×月×日	

| 3 | 会议纪要的写作范例

××食品公司被兼并财务及政策问题商讨会议纪要

时间：2020 年 11 月 20 日上午 8:00—11:00

地点：H 市 ×× 食品公司大会议室

主持人：H 市中小企业管理局副局长沈 ××

出席人：H 市中小企业管理局、市经委、市财政局、市税务局、H 市第一食品集团公司、H 市 ×× 饮料公司等有关部门的负责人。

H 市第一食品集团公司兼并 H 市 ×× 饮料公司存在财务及政策方面的问题，此次会议对上述问题进行了讨论，并提出了以下处理意见，特此纪要。

一、兼并后的财务问题

对于兼并后的财务遗留问题，包括资不抵债部分、生产经营设备维修费用部分。

1. 资不抵债部分

对于资不抵债部分，需要 H 市第一食品集团公司承担，市财政局给予一定支持。

2．生产经营设备维修费用部分

生产经营设备维修费用由 H 市第一食品集团公司承担。

二、人员安置问题

兼并后××饮料公司的老员工如果愿意留下继续工作，H 市第一食品集团公司将予以接纳；如果老员工不愿意留下继续工作，H 市第一食品集团公司不得强制要求其留下。

××食品公司（公章）

2020 年 11 月 20 日

4.4

开幕词／闭幕词

在华为做秘书时，领导时常会让我写一些会议、活动的开幕词或闭幕词。起初我写的一些开幕词或闭幕词总是不能达到领导的要求，原因就在于我将开幕词、闭幕词错误地当成演讲稿，通篇慷慨激昂，耗费大量笔墨描写会议或活动的盛况。

殊不知，开幕词与闭幕词最重要的作用，是宣布会议或活动的开幕、闭幕，最需要点明的是"现在我宣布大会正式开始""我宣布××活动正式开幕""××活动完满结束"等具有标志性和指向性的话语。

4.4.1 开幕词／闭幕词的含义及特点

开幕词和闭幕词是庄重严肃的大型会议、活动重要的组成部分，它们前呼后应，对会议或活动有序、成功、圆满地举行起着积极作用。

| 1 | 开幕词的含义及特点

（1）开幕词的含义

开幕词是企业领导在会议或活动开幕时所作的讲话，旨在阐明会议或活动的指导思想、宗旨、重要意义，向参与者提出开好会议、做好活动的中心任务和要求。

开幕词通常要阐明会议或活动的性质、宗旨、任务、要求和议程安排等，集中体现大会或活动的指导思想，起着定调的作用，对引导会议或活动朝着既定的正确方向顺利进行，保证会议或活动圆满成功，有着重要的意义。

（2）开幕词的特点

开幕词主要具有以下三个特点。

① 宣告性

开幕词写作的主要目的是宣布某一活动或会议的开幕，告知参与者活动或会议要开始了，具有明确的宣告性。

② 简明性

开幕词通常简洁明了、短小精悍，最忌长篇累牍，言不及义，多使用祈使句，表示祝贺和希望。

③ 指导性

开幕词对会议或活动提出了要求，对会议或活动具有一定的指导性。

| 2 | 闭幕词的含义及特点

（1）闭幕词的含义

闭幕词着重对会议或活动做出评价，主要用来总结成果，提出贯彻会议精神的要求和希望，宣布会议或活动胜利结束。

（2）闭幕词的特点

闭幕词具有总结性、评估性和号召性。

① 总结性

闭幕词是在会议或活动结束时进行的总结陈词，具有总结性。

② 评估性

闭幕词并不只是用来表述会议或活动的优点，对于会议或活动过程中暴露出的问题，也要加以提醒，因而具有评估性。

③ 号召性

闭幕词对会议或活动进行了总结和评估，更重要的是发出号召、提出要求，具有号召性。

|3| 开幕词与闭幕词的关系

开幕词拉开会议或活动的序幕，是序曲；闭幕词则降下会议或活动的帷幕，是终曲。开幕词为会议或活动做好计划，闭幕词则做出总结。开幕词为会议或活动以后的报告、讲话、讲话定下基调；闭幕词则对开幕词的预想做出检查、照应。开幕词就如一篇文章的起句，要尽量漂亮，鼓动参会者满怀激情地投入会议或活动；闭幕词则如文章结句，收束有力，激励参会者认真贯彻会议或活动精神。

另外，开幕词与闭幕词都具有简明性和口语化两个共同的特点。因为这两种公文都是需要口头表达出来的，不是以书面形式传达信息的，所以需要简洁明快、通俗易懂。

4.4.2　开幕词的基础写作范式与格式

开幕词是面向广大参与者的公开言论，需要富有激情和动力。

|1| 开幕词的基础写作范式

会议或活动开幕词一般包括标题、正文和落款三部分。

（1）标题

开幕词的标题写作方式主要有以下两种。

① 完全式标题

完全式标题通常由"致辞者＋在会议（活动）名称上＋的讲话"构成，致辞者通常要写明所属单位，比如，《××公司总经理在××会议上的讲话》。

还有一种完全式标题为"××企业+××会议（活动）+开幕词"，比如，《××企业××××年度表彰大会开幕词》。

② 省略式标题

开幕词有时可以省略致辞者，以"会议（活动）名称+开幕词"作为标题，比如，《××会议开幕词》。

（2）正文

开幕词正文的内容一般分为主送单位、宣布开幕、介绍背景、介绍内容、提出希望和要求、结语六部分，如图4-5所示。

图4-5　开幕词正文的写作公式

① 主送单位

主送单位指受文单位名称，需要致开幕词者念出来，通常为参加会议或活动的所有人员。

② 宣布开幕

通常情况下，开幕词致辞者要发表自我介绍，并宣布会议或活动正式开幕。

③ 介绍背景

介绍会议或活动背景，包括参加单位、人员等情况。

④ 介绍内容

介绍会议或活动的主要内容，包括举行会议或活动的目的、主要议题、议程等。

⑤ 提出希望和要求

对参与者提出希望或要求。

⑥ 结语

写出祝愿语，通常为"预祝会议（活动）圆满成功"。

（3）落款

开幕词的落款包括发文单位或个人名称、成文日期，但在前文中已经进行了介绍，所以不需将这些信息读出来。

|2| 开幕词的基础格式范本

开幕词的基础格式范本与说明如下。

（1）开幕词的格式范本

致辞者+在会议（活动）名称上+的讲话

主送单位：

　　宣布开幕 + 介绍背景 + 介绍内容 + 提出希望和要求 + 结语。

发文单位 + 致辞者

2020 年 9 月 30 日

（2）开幕词的格式说明

开幕词是写给致辞者阅读的文稿，要求字迹清晰，让致辞者看得懂。格式也可以与致辞者商讨后确定。

4.4.3 闭幕词的基础写作范式与格式

闭幕词是对会议或活动的总结和评价，与开幕词的写法略有不同。

|1| 闭幕词的基础写作范式

会议或活动闭幕词一般包括标题、正文和落款三部分。

（1）标题

闭幕词的标题写作方式主要有以下两种。

① 完全式标题

完全式标题通常由"××公司 + 会议（活动）名称 + 闭幕词"构成，比如，《××公司 ×× 会议闭幕词》。

② 省略式标题

闭幕词有时可以省略公司名称，以"会议（活动）名称 + 闭幕词"

作为标题，比如，《××会议闭幕词》。

（2）正文

闭幕词正文的内容一般分为主送单位、宣布闭幕、回顾情况、表示感谢、提出希望和要求和结语六部分，如图4-6所示。

图4-6 闭幕词正文的写作公式

① 主送单位

主送单位指受文单位名称，企业闭幕词的主送单位通常也为参加会议或活动的所有人员。

② 宣布闭幕

宣布会议或活动闭幕。

③ 回顾情况

对会议或活动的具体情况进行回顾说明，并对做得好的地方进行肯定，对做得不好的地方进行批评。

④ 表示感谢

向对会议或活动做出贡献的单位或人员表示感谢。

⑤ 提出希望和要求

对参与者提出新的希望和要求。

⑥ 结语

写出祝愿语，通常为"谢谢大家！祝大家工作顺利、健康吉祥"等。

（3）落款

闭幕词的落款包括发文单位或个人名称、成文日期。

| 2 | 闭幕词的基础格式范本

闭幕词的基础格式范本与说明如下。

（1）闭幕词的格式范本

××公司+会议（活动）名称+闭幕词

主送单位：

宣布闭幕＋回顾情况＋表示感谢＋提出希望和要求＋结语。

发文单位＋致辞者

2020 年 9 月 30 日

（2）闭幕词的格式说明

闭幕词的格式没有特定要求，企业公文写作人员可根据企业的要求自行拟定。

4.4.4 开幕词的写作要点、模板与范例

开幕词的写作要点、模板和范例如下。

|1| 开幕词的写作要点

① 开幕词要营造热烈、欢快的气氛，激起人们的希望。

② 开幕词篇幅不宜过长，需要简练、明快，迅速进入正题。

③ 行文口语化，通俗易懂，富有号召力和感染力。

|2| 开幕词的写作模板

表 4-6 所示为会议或活动开幕词的写作模板。

表 4-6 会议或活动开幕词的写作模板

标题	××公司（部门）××人员在××会议（活动）上的开幕词
主送单位	××××（参会对象、活动参与者）：
正文	大家好！（问好） 我宣布××××会议（活动）现在开幕！ 我谨代表××××（企业）向参加会议（活动）的单位和人员表示最热烈的欢迎！ 本次会议（活动）××××（背景介绍）、××××（参加人员等情况汇报）。 会议（活动）××××（介绍会议或活动程序、目的主题等内容）。

标题	××公司（部门）××人员在××会议（活动）上的开幕词
正文	我希望××××（提出希望和要求）。 最后，预祝"××××会议（活动）"圆满成功！（写祝愿语）
落款	××公司（部门）××人员 ××××年×月×日

|3| 开幕词的写作范例

××企业总经理在国际××产品博览会上的开幕词

女士们，先生们，朋友们：

上午好！

我宣布，由中国××行业协会主办，××企业承办的"国际××产品博览会"正式开幕！

我谨代表博览会组委会向各参展企事业单位和人员表示最热烈的欢迎！

本次会议参会企业共300家，推出××新产品近500种，参会人员近30000人次，是一场高标准、大规模的××产品博览会。

本企业作为全国规模较大的××企业，愿意为弘扬祖国××事业贡献自己的力量。承办本次博览会，是本企业的荣幸，希望能竭尽全力为大家服务，令每个参展单位和参展人员满意。

最后，预祝本次"国际××产品博览会"圆满成功！

××企业总经理陈××

2020年12月31日

4.4.5 闭幕词的写作要点、模板与范例

闭幕词的写作要点、模板和范例如下。

|1| 闭幕词的写作要点

（1）内容安排合理

在内容上，闭幕词的写作技巧集中表现在对整个会议或活动的总结上，

即内容的概括性和前后照应。从这两个方面出发，闭幕词内容安排有具体的呈现方向：内容要具有概括性，且这种概括应该是准确、得体的，不能胡编乱造；内容要前后照应，即与开幕词、与会议或活动的主题、与会议或活动的主要问题这三个方面都能衔接上，能找到彼此之间的连接线索。

（2）逻辑清晰

在逻辑上，闭幕词应该有一个符合条理、层次清楚的特定顺序，而不是把文字和段落进行简单组合。因此，从这一角度来说，闭幕词的逻辑安排应该注意三个要点，如图 4-7 所示。

1 主调突出

2 线索集中

3 节奏紧凑

图 4-7　闭幕词逻辑安排的三个要点

（3）语言运用得当

在语言运用方面，闭幕词应该尽量体现号召性和鼓动性，因此，撰写闭幕词时需要满足两个要求，才能充分体现讲话者的理论水平和风范：风格庄重得体，情感激情昂扬。

（4）风格明快

闭幕词在整个风格上应该充分体现简明性，也就是说，无论是文字还是写作手法和篇幅，都应该尽量往简明性方向靠拢，呈现出简洁、精练、集中的风格。

│2│闭幕词的写作模板

表 4-7 所示为会议或活动闭幕词的写作模板。

表 4-7　会议或活动闭幕词的写作模板

标题	×× 公司（部门）关于 ×××× 会议的闭幕词
主送单位	××××（参会对象、活动参与者）：
正文	在×××、×××的共同努力下，本次会议（活动）圆满结束，即将胜利闭幕。 　　这次会议（活动）×××（回顾会议任务的完成情况、会议成果）。 　　通过本次会议（活动），涌现出一大批×××的单位、部门、个人（肯定会议或活动的积极意义和参与者的努力），我在此对这些单位、

标题	××公司（部门）关于××××会议的闭幕词
正文	部门、个人表示由衷的感谢（表示感谢）。 　　通过本次会议（活动），也暴露出×××（存在的问题），希望在今后的会议（活动）中，能够×××（提出要求，发出号召）。 　　现在，我宣布，××××会议（活动）闭幕！ 　　谢谢大家！
落款	××公司（部门）××人员 ××××年×月×日

|3| 闭幕词的写作范例

××企业技术创新交流会议闭幕词

女士们、先生们：

一年一度的技术交流会议，经过几天的讲话、讨论，针对企业创新进行了交流。创新观念从未像今天这样具有如此实际的意义。大家都开始认识到没有一个员工是能够仅仅依靠自己站稳脚根的。只有通过合作和交流，我们才能保证创造一个更美好、更有生机和活力的企业环境。

此次技术创新交流会得到了全体员工与参与者的广泛支持，在"××××"领域和"××××"领域取得了重要成果，大会圆满成功，我表示衷心的感谢，并希望我们在下一届大会上再相会。

谢谢大家！

××企业××人员

××××年×月×日

4.5

讲话稿

我从小喜欢文字，对于讲话稿这种没有太多局限的公文，写起来可谓得心应手。在一些表彰大会、年终总结大会或者员工思想动员会召开前，领导总是指定让我写讲话稿。当然，我写讲话稿并不是凭空杜撰、闭门造车，而是首先问领导以下三个问题。

这次会议的主题是什么。

举办本次会议的目的是什么。

您想在这次讲话中传达什么样的观念或道理。

随后，我再根据领导的回答，结合讲话稿的一般写作技巧，很快就能写出一篇让领导满意的讲话稿。

4.5.1 讲话稿的特点及作用

讲话稿是指人们在特定场合发表言论的文稿，主要内容包括陈述意见、表达观点等，根据场合的不同，讲话稿的类型也大不相同。

讲话稿主要包含三个要素，即讲话的主体、讲话的对象和讲话的内容。讲话的主体，是指讲话者代表的单位、组织或个人；讲话的对象是指讲话的目标听众；讲话的内容就是讲话者希望表达的观点、态度等。

|1| 讲话稿的特点

讲话稿作为一种主要运用在特定场合的文种，具有一些其他文种不具备的特征。

（1）双向互动性

讲话稿并不是以张贴或新闻的形式发布的，而是讲话者口述的，讲话者在演讲时，与听众面对面进行交流，所以讲话稿具有双向互动性。

（2）主题明确性

讲话稿是在一定情境中发布的，需要适应特定的场合，所以讲话稿一定具有明确的主题，能够表达出讲话者的想法。

（3）针对性

讲话是一种社会活动，是用于公众场合的宣传形式。为了更好地"征服"听众，其语言、风格等都应该具有针对性，能够解答听众关心的问题。

（4）篇幅规定性

讲话是有时间限制的，因此讲话稿也有篇幅要求，需要按照讲话时间要求来调整。一般来讲，表彰、通报、庆典等活动上的讲话稿篇幅不宜过长，以免喧宾夺主。

｜2｜讲话稿的作用

讲话稿不仅是一种公文，更是讲话者精神面貌、内在涵养和价值观念的体现。好的讲话稿能为讲话增光添彩，抓住听众的耳朵，激荡听众的心灵。

讲话稿对讲话者而言，还具有三个方面的作用：

第一，整理讲话者的思路、提示讲话的内容、限定讲话的速度；

第二，引导听众，使听众能更好地理解讲话的内容；

第三，通过对语言的推究提升语言的表现力，增强语言的感染力。

4.5.2　讲话稿的基础写作范式与格式

会议或活动演讲稿的写法与其他公文大不相同，几乎没有固定的要求，要让演讲稿内容吸引人，可以采用以下写作范式与格式。

｜1｜讲话稿的基础写作范式

讲话稿一般包括标题、正文和落款三部分。

（1）标题

讲话稿标题的写作方式主要有以下两种。

① 标准式标题

标准式标题通常由"讲话人姓名＋职务＋事由＋的讲话"构成。比如，《××总经理在"双11"促销活动前的讲话》。

② 主副式标题

为了更吸引人，还可以采用主副式标题。主标题一般用来概括讲话的主旨或主要内容，副标题采用标准式标题。比如，《进一步发扬学习和奋斗精神——××总经理在"双十一"促销活动前的讲话》。

（2）正文

讲话稿的内容一般分为主送单位、讲话缘由、传达精神和措施、提出希望和要求、结语五部分，如图 4-8 所示。

图 4-8　会议讲话稿正文的写作公式

① 主送单位

会议或活动讲话稿的受文对象就是听众，通常为参加会议的相关人员。

② 讲话缘由

讲话缘由的写作是指用极简洁的文字概述要讲的内容，说明发表讲话的原因或者所要讲的重点内容。

③ 传达精神和措施

根据会议的内容和发表讲话的目的，可以重点阐述如何领会文件、指示、会议精神；可以通过分析形式和明确任务，提出后续工作如何开展。

④ 提出希望和要求

结合上级意见或现实情况，对后续工作的展开提出切实要求。

⑤ 结语

总结全篇，照应开头，或者征询对讲话内容的意见或建议等。

（3）落款

讲话稿的落款包括讲话人署名、成文日期。

┃2┃讲话稿的基础格式范本

（1）讲话稿的格式范本

讲话人姓名+职务+事由+的讲话

讲话缘由＋传达精神和措施＋提出希望和要求＋结语。

讲话人署名

2020 年 9 月 30 日

（2）讲话稿的格式说明

会议或活动的讲话稿的格式可由企业公文写作人员自行决定，要求讲话人能够看懂，不存在歧义。如果是上交给领导的讲话稿，需要整齐、美观。

4.5.3　讲话稿的写作要点、模板与范例

讲话稿的写作要点、模板和范例如下。

| 1 | 讲话稿的写作要点

首先，一篇合格的讲话稿需要满足一篇文章的基本要求，就是层次分明、逻辑严谨、语言清晰。因此在写作讲话稿时，需要有的放矢，明确讲话目标，突出讲话的中心思想，让听众能明白讲话的重点。

其次，在语言上，讲话稿的写作要满足工作需要。语言即使存在艺术性的表达，也不能过于突出，必须有利于文章核心内容的表达。工作类讲话稿也是需要口头表达的，因此要符合口语的习惯，尽量选用响亮的字眼，多用短句，言语的搭配要得当。

| 2 | 讲话稿的写作模板

表 4-8 所示为会议或活动讲话稿的写作模板。

表 4-8　会议或活动讲话稿的写作模板

标题	××（讲话人）在 ×× 会议上的讲话
主送单位	××××（听众）：
正文	今天我们相聚在这里，是为了××××（讲话缘由）。 当前，我们的工作陷入××境地之中，亟待改变（说明情况）。 公司领导要求我们××××（传达精神和措施）。 希望员工能够××××（提出希望和要求）。 谢谢大家！
落款	××××公司 ××××年×月×日

湖北××集团董事长××在××奖
表彰大会上的讲话

尊敬的各位领导、专家和同仁们：

大家下午好！

我是来自湖北武汉的××。非常荣幸，能代表本届××奖获奖单位在这里发表感言。接到通知的那一刻，我很惊讶，也很忐忑。××集团不过是一家名不见经传的中小型企业，何以登上××××最高奖的领奖台？静下心来想一想，我认为有三条理由。

其一，中小型民企也能打造高水准的精品工程。国企固然是大国工匠的主力军，中小型民企也是一股重要的力量！据统计，民企在国民经济发展中，创造了80%的就业岗位，占据了90%的单位数量。而民企尽管创建××奖很不容易，但道路是畅通的，大门是敞开的！在申报和排名上，省里对大小单位和国企民企一视同仁；专家组在评审中公正客观，精品不问出处。可以说，我们中小型民企在××奖上，拥有和大型国企一样的平台，享有同等的机遇！

其二，××奖的获得源于梦想、激情和奋斗。××集团的项目获得××奖，是从中标之日起就有的强烈渴望，一定要争创中国质量最高奖！××集团成立15年来，一直都恪守总部集中管控的直营模式，非常注重精细管理和工匠精神，培养了一批精益求精、手艺过硬的工匠，匠心文化也渗透到单位管理的方方面面。

其三，××奖带给我们的不仅仅是荣耀，更是沉甸甸的社会责任。××集团获得××奖后，我们做好××的愿望更加强烈，为此，我们投资了××××生产基地，组建了设计团队，成立了工人培训学校，同时，依托信息化和智能化管理手段，不断提升××××能力，此举得到了武汉市××××局的大力支持和充分肯定。我相信，每一家获××奖的单位，都对品质的内涵有着深刻的理解，在砥砺前行中打造出一个又一个更具含金量和含新量的精品！

值得分享的是，今年的金秋和初冬，×× 成为了国家 ××××部 ×××× 试点单位。这些成绩的取得，来源于在力争 ×× 奖的过程中的沉淀和自我激励。

　　各位领导、专家和同仁们，我们都是幸运的，也是了不起的！我们赶上了改革开放的大好时代，更是凭借 ×× 奖创造了一个又一个传奇！天下 ×× 一家亲，让我们携起手来，共同努力，在高质量发展的大背景下，造出更多无愧于伟大时代的经典工程！

　　谢谢大家！

湖北 ×× 集团

×××× 年 × 月 × 日

第 5 章

企业事务性公文的写作方法与范例

企业事务性公文是在企业经营过程中针对某一事项而撰写的公文，这类公文主要服务于某一特定事项，具有特殊用途。企业常见的事务性公文包括招聘启事、证明信、转正答辩、企业通讯稿、工作总结、合作意向书、说明书和述职报告等。

5.1

招聘启事

我曾询问过许多同事，当初看到企业的招聘启事后，是什么打动了他们，促使他们产生了到这家企业工作的想法。

同事A说："我比较务实，第一眼就看中了招聘启事上的薪资待遇。"

同事B说："其实当时我有很多选择，但当我看到招聘启事上企业的 Slogan[①] 时，我觉得这家公司的调性一定很符合我。"

同事C说："我是个颜控[②]，我一看这个招聘启事设计得漂亮又简洁，我就来了。"

同事D说："我在网上看过很多家公司的招聘启事，但是他们都没怎么写具体工作内容，就现在这家公司写清楚了，我一看我挺符合的，就到这来了。"

通过同事们的陈述，我发现招聘启事的质量对招聘有着至关重要的影响。影响人才选择企业的因素包括薪资待遇、企业价值观、工作内容甚至是招聘启事的设计风格等。如何将这些元素完美地融入一则招聘启事中，是招聘启事写作人员需要重点掌握的技巧。

5.1.1　招聘启事的特点

"人才难得而易失，人主不可不知之"。[③] 人才是企业经营的根本，而招聘则是企业招揽人才常用的形式。企业和人才之间是一种双向选择关系，人才看到招聘启事后，觉得被吸引，才会向企业投递简历。

企业招聘启事是企业面向社会公开招聘有关人员时使用的一种公文，是企业获得社会人才的一种方式。招聘启事的质量会影响招聘的效

---

① Slogan：简短醒目的广告语。

② 颜控：极度关注人的长相，引申为对美好的事物有强烈好感的人。

③ 出自清·梁佩兰《金台吟》，意为人才难以得到，而又容易失去，君主不应该不知道这个道理。

果和招聘企业的形象。

|1| 宣传性

招聘启事是面向社会公开发布的，其对企业形象的宣传作用十分明显。对企业来说，招聘启事的传播范围越广，就有越多的人才了解到企业正在招聘这一信息，有利于企业提高招聘的成功率。

|2| 目的性

招聘启事具有鲜明的目的性，其主要作用就是用来招聘人才。

5.1.2　招聘启事的基础写作范式与格式

企业招聘启事的写作看起来容易，但很容易遗漏内容，进而影响招聘效果和企业形象。

|1| 招聘启事的基础写作范式

企业招聘启事一般包括标题、正文和落款三部分。

（1）标题

企业招聘启事标题的写作方式主要有以下两种。

① 标准式标题

标准式标题需要阐明招聘企业，表明企业正在招聘，也可以突出正在招聘人才的岗位。

标准式标题通常为"招聘单位名称＋招聘（启事）或招聘单位名称＋招聘＋××人才（启事）或（诚）聘＋××人才"，也可以直接以招聘启事为标题。例如，《××企业招聘启事》《××企业招聘新媒体运营人员启事》《诚聘新媒体运营人员》。

② 开放式标题

为了使招聘启事的标题更加吸引人，有时企业也可根据自身需求拟定开放式标题，这种标题没有固定要求，但要突出企业正在招聘人才的

事实。例如,《你想成为职业婚礼策划师吗》《×× 企业招贤纳士》《××
企业招兵买马》《我们需要你》等。

（2）正文

企业招聘启事的内容主要包括企业简况、招聘职位与人数、招聘条
件、薪资待遇、应聘方式五部分。

图 5-1 所示为企业招聘启事正文的写作公式。

图 5-1　企业招聘启事正文的写作公式

① 企业简况

主要阐明企业基本状况，包括企业名称、性质、规模、主营业务、
所在地等，也可重点阐述企业的成就，吸引应聘者注意。

② 招聘职位与人数

说明招聘职位的名称和人数等信息。

③ 招聘条件

即企业对应聘者的要求，包括应具备的学历、专业、学位、工作经
验、技术水平等。

④ 薪资待遇

说明企业能够给予员工的工资、福利待遇。

⑤ 应聘方式

说明简历发送渠道、需提供的资料、联系人、面试地址、联系电话
等信息。

（3）落款

招聘启事的落款可以为企业名称和发文日期，也可以不写落款。

|2| 招聘启事的基础格式范本

（1）招聘启事的格式范本

招聘启事
企业简况＋招聘职位与人数＋招聘条件＋薪资待遇＋应聘方式
××企业（公章）
××××年×月×日

（2）招聘启事的格式说明

通常情况下，企业在发布招聘启事前会进行美术设计，做成海报进行传播，此时对于招聘启事的格式没有固定要求，企业可根据自身需求制作。

5.1.3 招聘启事的写作要点、模板与范例

任何企业公文写作都有其特定目的，达成招聘目的是招聘启事写作中最重要的任务。

|1| 企业招聘启事的写作要点

撰写招聘启事需要遵循 AIDA 原则，即要注意以下 4 点。

A（Attention）：能引起求职者的注意。

I（Interest）：能激发求职者的兴趣。

D（Desire）：能激起求职者的愿望。

A（Action）：能调动求职者的行动。

总而言之，招聘启事要对应聘者具有一定的吸引力，能让应聘者看到后清楚自己是否喜欢这份工作，是否胜任这份工作。但也不能夸大事实，比如月薪只能给 5000 元，却在招聘启事中写为 6000 元起，这样会令求职者感到失望，让企业信誉受损。

|2| 招聘启事的写作模板

表 5-1 所示为企业招聘启事的写作模板。

表 5-1　企业招聘启事的写作模板

标题	招聘启事
主送单位	无
正文	××××公司是国内优秀的××××（企业主营业务、主要成就）。现出于发展需要，特诚聘××××人才加盟。 1. 招聘岗位 ××××（具体岗位）××人（招聘人数）。 2. 任职资格（岗位要求） （1）×××××； （2）×××××； （3）×××××。 3. 工作职责 （1）×××××； （2）×××××； （3）×××××。 4. 薪资、福利待遇 （1）×××××； （2）×××××； （3）×××××。 有意者请将××××（应聘资料）发送至××××邮箱，或电话联系××××。 联系电话：158××××××××、155××××××××× 电子邮箱：××××××××× 联系地址：××××××××××××
落款	××××公司 ××××年×月×日

| 3 | 招聘启事的写作范例

招聘启事

——以书为媒　成就你我

一、公司简介

湖北××××传媒有限公司是一家集图书策划、编辑、编写、发行于一体的专业图书出版公司。自成立以来始终聚焦经管和标杆企业，聚集前沿管理思维，围绕企业管理、财经、理财投资、平台运营、时代趋势等热点内容，年策划出版各类图书 300 余种。

公司先后为××××、××××等多家知名企业服务，并与××

××、××××、××××、××××、××××、××××等一批国内知名出版社建立了长期稳定的合作关系。

二、招聘岗位

文字编辑/撰稿人5人

1. 岗位要求

（1）本科及以上学历；

（2）经济管理、法律、新闻、编辑出版等专业毕业或具有出版工作经验者优先考虑；

（3）热爱写作且文笔好，有较强的创意策划能力，逻辑能力强，责任心强；

（4）具备较强的职业素养、敬业精神及团队精神，擅于学习并具有良好的沟通能力；

（5）短期过渡者勿扰。

2. 职责描述

（1）根据图书市场信息，进行选题策划；

（2）负责图书策划到出版的全程跟进和进度控制，能独立策划不同门类的图书；

（3）根据选题开展采编、编写、编辑、组稿和校对等工作；

（4）按时按质按量完成图书稿件的编写/编辑。

（5）完成公司安排的其他工作。

三、薪酬福利

1. 转正待遇：4000～12000元/月，视岗位及能力确定；

2. 福利：转正后公司购买五险，有年终奖金、节日及生日福利，提供内容丰富的下午茶，并提供免费参加各项学习培训的机会。

3. 工作时间：8:30—17:30，享受双休及国家法定节假日。

四、联系方式

有意者请将个人简历、学历证明复印件及其他能证明工作能力的资料发送至下述电子邮箱中。本启事长期有效。

联系电话：158××××××××、155××××××××

电子邮箱：×××××××

联系地址：×××××××××××××××

5.2

证明信

有一次，团队小伙伴离职后请求公司帮他开具一封证明信，证明他曾经在本公司工作过。我将这件事情交给秋菊。她在网上查找了相关资料后，发现证明信并不需要长篇大论，三言两语就能将事情说清楚，于是很快将证明信完成后交给了这位离职了的小伙伴。下面是她当时所写的证明信。

证明信

××公司：

　　兹证明×××是×××公司员工，于××××年×月×日—××××年×月×日期间，在××部门担任××职务。

　　特此证明。

汪秋菊

××××年×月×日

当秋菊把"证明信"拿给我看后，我告诉她，她所开具的证明信没有效用，原因是她所写的"证明信"为个人证明信，署名为个人，不能代表企业。

其实，"证明信"在寥寥数语中蕴含着很多信息。

5.2.1 证明信的类型及特点

证明信是机关、团体、单位或个人证明一个人的身份或一件事情，供接收单位作为处理和解决某人某事的根据的书信。证明信也可直接称作证明。

|1| 证明信的类型

根据发文对象的不同，证明信可分为组织证明信和个人证明信，如图 5-2 所示。

组织证明信 ← 证明信 → 个人证明信

图 5-2　证明信的两大类型

个人证明信为个人所写，主要用于处理个人之间的私事，不属于企业公文的范畴，此处不予赘述。

|2| 证明信的特点

证明信是用来证明某人某事的，具备以下四个特点。

（1）具有凭证作用

证明信的作用贵在证明，是持有者用以证明自己身份、经历或某事真实性的一种凭证，所以证明信的第一个特点就是它具有凭证作用。

（2）多采用专用书信体格式

证明信是一种专用书信，尽管证明信有好几种形式，但它的写法同书信的写法基本一致，大部分采用书信体的格式。

（3）内容简洁清晰

证明信无需较长篇幅，只需将要证明的事项陈述清楚即可，因此证明信的内容往往比较简洁、清晰。

（4）具有时效性

证明信一般都存在一定的有效期，逾期无效。

证明信的写作内容不多，但要求严谨、细致。

|1| 证明信的基础写作范式

企业证明信一般包括标题、正文和落款三部分。

（1）标题

企业证明信标题的写作方式主要有以下两种。

① 完全式标题

完全式标题通常由"有关＋证明事项＋的证明"构成。如《有关××问题的证明》。

② 省略式标题

在大多数情况下，证明信可用文种作为标题，即"证明"或"证明信"。

（2）正文

企业证明信正文内容一般分为主送单位、被证明的事实和结语三部分。

图 5-3 所示为企业证明信正文的写作公式。

图 5-3　企业证明信正文的写作公式

① 主送单位

企业证明信的主送单位为证明信接收单位，如前文提及的同事即将入职的公司。

② 被证明的事实

证明某人的身份、经历，以及同发文单位所属关系等具体情况。

③ 结语

结语一般写"特此证明"。

（3）落款

企业证明信的落款为提供证明的单位，要填写证明日期并加盖公章。

|2| 企业证明信的基础格式范本

企业证明信的格式通常为书信格式。

（1）企业证明信的格式范本

证明信

××公司：

　　被证明的事实＋结语。

　　特此证明。

××省××市××公司（公章）

××××年×月×日

（2）企业证明信的格式说明

企业证明信的主送单位写在第二行顶格的位置，写明受文单位名称或受文个人的姓名，然后加冒号。有些外出活动证明身份的证明信因没有固定的受文者，开头可以不写受文者，而是在正文前用公文引导词"兹"（现在）引出下文内容。

正文要在主送单位写完后另起一行，空两格书写。落款包括署名和成文日期两部分内容。在证明信的最后，要在正文的右下方署上证明单位的名称并盖章，在署名下另起一行写上成文日期。

5.2.3　证明信的写作要点、模板与范例

企业证明信一般由发文单位的档案管理部门出具，如人事、组织、劳资部门等根据所掌握的真实情况负责书写，需要署名并加盖专用章才有效。

|1| 证明信的写作要点

能作为证明某人或某事的凭证，是"证明信"得名的原因。基于这一因素，证明信在写作过程中必须达到以下要求。

（1）内容的真实性

这是写证明信的第一要义。只有根据确切，内容真实可信，不虚夸，才能让人信服。

（2）语言的准确性

这是写证明信的基本要求。证明信的语言必须能准确、清晰地证明某人或某事，不能含混不清，让人无法确切查知真实情况。

（3）无修改

在证明信的写作过程中，拟写者应注意不能用铅笔、红色笔书写，且不能涂改。假如证明信中出现了涂改，则应该在涂改位置加盖印章。

（4）不证明无关事项

在写作时，要有针对性，即他人需要证明什么问题就证明什么问题，不写其他无关的内容。如果是证明某人的经历，则应写清人名、时间、地点及所经历的事情；如果是要证明某一事件，则要写明参与者的姓名、身份，及其在这一事件中的作用和地位以及事件本身的前因后果。

|2| 证明信的写作模板

表 5-2 所示为企业证明信的写作模板。

表 5-2　企业证明信的写作模板

标题	证明信
主送单位	××××公司：
正文	兹证明×××××（证明事项）。 　　特此证明。（如果只针对某一事项进行证明，可写明该证明只证明这一事项，对其他事项不具有证明作用）
落款	××××公司 ××××年×月×日

证明信

××公司：

　　兹证明×××是我公司员工，于××××年×月×日—××××年×月×日期间，在××部门担任××职务。工作期间认真负责，作风正派。

　　特此证明。

××公司××部门（盖章）

××××年×月×日

5.3

转正答辩

　　在华为实习六个月后，我需要进行转正答辩，转正答辩的结果直接决定着我是否能留在华为。为了顺利完成答辩，我精心准备了一个星期。在答辩过程中，主考官问了我很多问题，比如，"你的职业规划是什么""你觉得你现在的工作有什么意义""如果受到不公平对待，你会怎么办"，等等。

　　一听到这些问题，我的内心开始窃喜：这些问题我在准备转正答辩的过程中都已经设想过。于是我流利地回答了这些问题。最后，我高分通过了此次答辩。

　　答辩结束后，当复盘① 此次答辩成功的原因时，我发现除了训练口头表达能力、将日常工作做好等原因，最重要的是我的转正答辩写得非常

---

① 复盘：原是围棋术语，本意是对弈者下完一盘棋之后，重新在棋盘上把对弈过程演示一遍，看看哪些地方下得好，哪些地方下得不好，哪些地方可以有不同甚至是更好的下法等。这个把对弈过程还原并且进行研讨、分析的过程，就是现在引申为对过往工作的审视、检查、回顾的复盘。

详细、具体，几乎将考官可能问到的问题的答案都写了进去。

5.3.1　转正答辩的特点

转正答辩是企业试用期员工转正管理中设定的一个环节，是对试用期员工的考核。通常情况下，转正答辩成绩合格或优秀，试用期员工才能顺利转正。

转正答辩一般采用口述的形式进行，试用期员工需要提前写好转正答辩内容，并将其熟记，在正式答辩时，制作成 PPT 展示，以期达到最好的效果。

企业转正答辩主要具有以下三个特点。

|1|口语化

转正答辩是员工在转正答辩会议上需要口述出来的内容，在写作时也要符合口语表达的特征。

|2|总结性

转正答辩是对自身试用期内表现的总结和评价，是反思和回顾自身工作表现的过程，具有总结性。

|3|检验性

转正答辩是对试用期内工作的检验，是考察员工是否能够留在企业的依据，具有检验性。

5.3.2　转正答辩的基础写作范式与格式

企业转正答辩的基础写作范式与格式如下。

|1|转正答辩的基础写作范式

企业转正答辩主要由标题、正文和落款三部分组成。

（1）标题

企业转正答辩标题的写作方式主要有以下两种。

① 完全式标题

完全式标题的写作公式即"答辩人+转正答辩"，比如，《×× 转正答辩》。

② 省略式标题

转正答辩的标题可以省略答辩人，只写"转正答辩"。

（2）正文

企业转正答辩正文的内容一般分为主送单位、自我介绍、工作总结、工作体会、展望和规划五部分，如图 5-4 所示。

图 5-4　企业转正答辩正文的写作公式

① 主送单位

主送单位指受文单位名称。企业转正答辩的主送单位为参加转正答辩会议的人，可以直接点出这些人的职称，例如"张主任、李老师"等，也可以统一写为"各位考官"。

② 自我介绍

对自己进行简单的自我介绍，并说明在公司工作的具体时间，在什么岗位从事什么工作。

③ 工作总结

对试用期类的工作进行总结，可以详细介绍工作成果、做出了哪些业绩等。

④ 工作体会

介绍自己在工作中的体会和感悟，可以是自己学习到的东西、对公司的看法、与团队之间的协作情况等。

⑤ 展望和规划

个人的职业规划和对公司的期望。

（3）落款

企业转正答辩的落款为转正答辩人的姓名和答辩日期。

|2| 转正答辩的基础格式范本

企业转正答辩的基础格式范本依据转正答辩的内容而定。

（1）转正答辩的格式范本

转正答辩

主送单位：（标题下一行顶格）

自我介绍 + 工作总结 + 工作体会 + 展望和规划。（主送单位下一行空两格）

答辩人姓名（右对齐，三号仿宋）

2020 年 9 月 30 日（右对齐，用阿拉伯数字）

（2）转正答辩的格式说明

企业转正答辩在写作中内容较多，需要分条、分点陈述，不可逻辑混乱。

5.3.3　转正答辩的写作要点、模板与范例

企业转正答辩的写作要点、模板与范例如下。

|1| 转正答辩的写作要点

企业转正答辩主要考察员工的工作能力、工作态度和工作绩效，以此判断员工是否能适应所在岗位的工作要求。因此企业转正答辩中，需要重点写明试用期内的工作内容、工作成果，并写明自己学到了哪些东西，和同事之间能否互相协作。任何企业对于员工的学习能力和团队协作能力都比较看重。

|2| 转正答辩的写作模板

表 5-3 所示为企业转正答辩的写作模板。

表 5-3　企业转正答辩的写作模板

标题	转正答辩
主送单位	各位考官：（参加答辩的人）
正文	大家好！非常感谢各位能够参加我的转正答辩。（表达感谢） 我是×××，在×××部门担任×××工作。（自我介绍+工作岗位简介）我进入公司已经××××（实习时间），在此期间，我收获良多。（表达感谢） 一、工作成果 ××××（具体做了哪些工作，做得怎么样，有什么样的成果）。 二、经验总结 ××××（在工作中学到了什么）。 三、待加强的地方 ××××（在工作中存在哪些不足需要加强）。 四、工作感悟 ××××（对工作的看法、公司的看法等）。
落款	×××（答辩人） ××××年×月×日

|3| 转正答辩的写作范例

转正答辩

尊敬的张总、李主任、方老师：

大家下午好！非常感谢各位能在百忙之中抽出时间参加我的转正答辩考核，给予我转正的机会。无论结果怎样，我都抱着感激的心态。

我叫胡××，是编辑部的编辑助理，我于 2020 年 8 月 1 日加入本公司，经过三个月的实习期，我受益良多。刚进入公司时，内心常常感到惶惶不安，可能是因为初入社会，压力较大。但正是压力的存在，激发了我自身的潜力，让我有了不断学习、进步的动力。

经过这三个月的工作，现在我对工作有了一定程度的了解，以下是我这三个月工作的成果展示、经验总结和待改进之处。

一、工作成果

在编辑部担任编辑助理期间，我主要协助方老师完成了×× 稿件、××稿件、××稿件的编辑、校对工作，受到了方老师的好评。

....

二、经验总结

在工作过程中，我学到了很多编辑的基本工作技能，例如语句修改、校对等。通过这些工作，我发现我的逻辑思维能力有显著提升，能够更深刻、更全面地看待问题。

....

三、待改进之处

这份工作需要处理的事项比较繁杂，工作压力也比较大。有时我的心态会受到影响。在今后的工作中我将及时调整自己的心态，以更积极的态度面对工作中的困难。

....

恳请领导给我继续锻炼自己、实现理想的机会。我会用谦虚的态度和饱满的热情做好我的本职工作，为公司创造价值，同公司一起展望美好的未来！

×××（答辩人）

××××年×月×日

5.4

通讯稿

为了加强企业员工之间的交流、联系，打造企业文化、树立模范典型，许多企业都会开设内部交流网站或打造内部杂志、报纸，例如华为就打造了专属的内部交流社区"心声社区"和内部杂志《华为人》，如图 5-5 所示。

图 5-5 华为心声社区网站的页面

在这些网站或杂志、报纸上发表的问题，多为企业内部员工所写的通讯稿。我也曾多次写过这样的通讯稿，主要内容是介绍企业内部优秀员工的奋斗事迹，以树立典型，鼓励其他员工向他们学习。

5.4.1　通讯稿的类型和特点

通讯稿是运用叙述、描写、抒情、议论等多种手法，具体、生动、形象地反映新闻事件或典型人物的一种新闻报道形式。企业通讯稿则是在企业内部或外部发行的，针对企业内部出现的典型人物、重大事件所做的具体报道。

企业通讯稿是企业文化建设与公关宣传常用的文体，具有告知企业内、外部人员公司的活动计划、发展方向，提升企业影响力，进行企业产品或服务推销等作用。

|1| 通讯稿的类型

企业通讯稿按照内容一般可分为人物通讯和事件通讯两大类，如图 5-6 所示。

图 5-6　企业通讯稿的两大类型

| 2 | 通讯稿的特点

企业通讯稿主要具有新闻性、评论性和生动性三个特点。

（1）新闻性

企业通讯稿是一种新闻文体，需要遵循新闻写作中的真实、公正等基本原则。

（2）评论性

企业通讯稿除了陈述相关事实，还需进行评价，表达作者的观点、倾向和态度。

（3）生动性

通讯稿与新闻稿略有不同，在创作中除了真实记录相关信息，还可以运用文学创作的手法，对人物、情节、场景等进行描述，使人物更加鲜活、饱满，使事例生动。

5.4.2 通讯稿的基础写作范式与格式

在企业日常的公文写作实践中，根据实际情况的不同，企业通讯稿的写法有很多种。下面介绍企业通讯稿的基础写作范式、格式要求和注意事项。

| 1 | 通讯稿的基础写作范式

企业通讯稿主要由标题、正文和落款三部分组成。

（1）标题

企业通讯稿的标题一般由正标题和副标题组成。企业通讯稿的标题内容没有严格要求，企业公文写作人员可根据通讯稿内容自行拟定。

① 正标题

正标题是企业通讯稿必备的标题，通常为通讯主要内容的概括或中心思想的体现，例如《非洲 12 年，4 个国家，这份经历是独一无二的》《迎风破浪，抢占上风口》等。

② 副标题

副标题是对正题的补充说明，比如，《迎风破浪，抢占上风口——

××企业研发部的光荣战书》中的副题。

（2）正文

企业通讯稿正文的内容一般分为三部分，包括事件或人物简介，人物具体事迹、事件，以及人物、事件精神。

图 5-7 所示为企业通讯稿正文的写作公式。

图 5-7　企业通讯稿正文的写作公式

① 事件或人物简介

事件、人物的基本信息介绍。

② 人物具体事迹、事件

人物、事件的具体内容，以故事的形式娓娓道来。

③ 人物、事件精神

通过这个人物、事件的具体内容，传达出什么样的精神是值得学习的。

│2│通讯稿的基础格式范本

企业通讯稿的基础格式范本如下。

（1）通讯稿的格式范本

×××：工作标兵

事件或人物简介 + 人物具体事迹、事件 + 人物、事件精神。

通讯员　×××

2020 年 9 月 30 日（右对齐，用阿拉伯数字）

（2）通讯稿的格式说明

企业通讯稿在写作时，要在开头或结尾写明通讯员姓名。

5.4.3 人物通讯的写作要点、模板与范例

人物通讯是以报道人物事迹和形象为主的通讯稿。通过报道人物的思想言行和事迹、功绩等，突出人物的精神境界，起到榜样作用，对其他员工具有教育意义。

| 1 | 人物通讯的写作要点

企业人物通讯通常围绕一个或几个人物写作。报道群体形象的通讯稿，也需要突出一个或几个比较典型的人物。人物通讯有系统报道某个人物先进事迹的长篇通讯，也有表现人物的片断事迹的人物素描、人物特写、通讯小故事。

写好人物通讯的关键是抓住人物的特点，揭示具有鲜明个性特征的人物的情怀和思想境界。在写作中要做到"既见事，又见人"，以典型事例突出人物风貌。

常见的刻画人物的方法有三种：

（1）通过矛盾冲突表现人物的思想境界；

（2）通过人物的行动、对话等表现人物性格特征；

（3）通过细节描写、心理刻画等展示人物的内心世界。

| 2 | 人物通讯的写作模板

表 5-4 所示为企业人物通讯的写作模板。

表 5-4　企业人物通讯的写作模板

标题	××（人物姓名）：××领域的××专家
主送单位	无
正文	他扎根×××一线××年，凭借精湛的技艺，从一名普通工人成长为×××××的专家。（介绍人物基本信息，突出功绩） ××出生于××地区，从小×××××××……（介绍人物生平或事迹） ××能够成为××领域的专家，除了××原因，最重要的是其××的精神。（突出人物精神和思想境界）
落款	无

×××：敬业奉献的标兵

做事缜密、踏实，严格要求自己，敢于面对挑战是他最大的特点；平时酷爱学习，使他在实践中练就了一套过硬的技术本领。他不但提出了很多技术革新手段，帮助公司度过多次难关，他的出色成绩赢得了政府的公开表扬，赢得了广大客户的一致好评，他被大家赠予"信息专家"这一美称。他就是现任公司××经理——×××。

×××2010年毕业于×××大学，毕业后进入本公司。当时他还只是一个基层的××技术人员，先后参与过××项目、××项目和××项目。三年的基层工作经历为他打下了坚实的技术基础，培养了实事求是、吃苦耐劳的工作态度。

×××在工作中勇于向新事物挑战。2014年，他被外派至×××工作，艰苦的工作环境、语言不通的压力没有将他压垮，反而给了他将工作做得更好的动力。在外派的三年间，×××没有任何埋怨，只是带领团队伙伴，将工作做好。

在能力方面，×××总是不断提高自己，刻苦学习专业新技术，把努力做一名实事求是又有创新精神的技术人员作为工作追求，并把所学的知识充分应用到生产上。过硬的专业技术为出色完成公司交给的任务打下了坚实的基础。

×××也是一名出色的管理者，在工作中，他把握一个原则：要求别人做到的，自己先做到。在实践中，他带出了一支吃苦耐劳、积极向上的维护队伍。

在十多年的工作生涯中，×××处处、时时、事事严格要求自己，与人为善、工作热情，为事业贡献自己全部的力量是他的人生信仰，实事求是、任劳任怨，吃苦在先、享受在后是他的工作态度。相信×××会再接再厉，继续发扬自己的一贯作风，为××公司的腾飞贡献他的力量！

5.4.4 事件通讯的写作要点、模板与范例

企业事件通讯是指报道企业内部典型、有普遍教育意义的新闻事件。

|1| 事件通讯的写作要点

企业事件通讯的写作与做这件事的人物紧密相连，但在写企业事件通讯时，不需要像人物通讯一样着重刻画人物形象，而要以事件为中心，在事件的总体画面中，以人物突出事件。

企业事件通讯主题的选取，可以是反映现实生活中发生的重大的、振奋人心的典型事件和突出事件；也可以从某一新闻事件截取一个或若干个片断，进行细致详尽的描述，揭示事件的深刻含义；还可以是若干事件的综述。

|2| 事件通讯的写作模板

表 5-5 所示为企业事业通讯的写作模板。

表 5-5　企业事件通讯的写作模板

标题	××（事件名称）：××（评价）
主送单位	无
正文	近日，××部门发生了××××事情（事件），在这件事情的处理过程中，××××（事件具体情况），事情最终××××（事件结果）。 　　这件事情反映了××××（精神风貌），值得全体员工学习！（发出号召）
落款	无

|3| 事件通讯的写作范例

××签约仪式

2020 年 9 月 30 日，本公司与 ×× 企业进行了 ×× 签约仪式。在签约仪式上，本公司总经理王 ×× 与 ×× 企业总经理何 ×× 达成了合作意向，未来五年内，将在 ×× 园区建设 ×× 办公楼三栋。

对于本公司来说，与××企业签约无疑是一件令人振奋的事情，是本公司发展历史上浓墨重彩的一笔……

此次签约仪式的顺利进行，离不开公司同人们尤其是业务部门的××团队的努力。他们从今年1月就开始与××企业接洽，在他们锲而不舍的努力下，才有了今天的合作。公司员工应当学习他们的这种精神，不断努力，坚持不懈。

5.5
工作总结

许多初入职场的"小白"在年底被要求写个人工作总结时，总会面面相觑，不知道该从哪里入手。这时他们就开始在网上搜索个人工作总结范本，然后把范本稍微更改一下，有的甚至直接照搬照抄。

这样写出来的个人工作总结显然是不合格的，因为这并不是他们真实工作的总结，不能反映他们真实的工作状况，也并非他们通过工作得出的真实感悟。

5.5.1 工作总结的类型和特点

企业工作总结是企业员工对团队或个人过去一段时间内的工作情况进行回顾、分析、归纳和概括，并提升到一定理论高度，肯定已取得的成绩，总结经验、吸取教训，以便今后工作取得更好成绩的公文。

| 1 | 工作总结的类型

根据写作主体的不同，可将企业工作总结分为个人工作总结和团队工作总结两种类型，如图5-8所示。

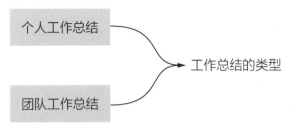

图 5-8　工作总结的两大类型

| 2 | 工作总结的特点

企业工作总结具有评论性、自身性、概括性和客观性四大特点。

（1）评论性

企业工作总结是对实践的评价，具有很强的评论性，是一种反思和复盘的过程。

（2）自身性

企业工作总结都是根据自身情况，以第一人称为视角，反映本单位或个人的实践活动，其内容行文来自于自身实践，得出的结论也是为今后自身的实践服务的。

（3）概括性

企业工作总结通常是理论的升华，是对前一阶段工作的经验、教训的分析，借此上升到理论的高度，并从中提炼出规律性的东西，以正确的认识来把握客观事物。

（4）客观性

企业工作总结是对实际工作再认识的过程，是对前一阶段工作的回顾，总结的内容必须完全忠实于客观事件，以事实为依据，不允许东拼西凑。

5.5.2　工作总结的基础写作范式与格式

企业工作总结的基础写作范式与格式如下。

| 1 | 工作总结的基础写作范式

企业工作总结主要由标题、正文和落款三部分组成。

（1）标题

企业工作总结的写法主要有以下两种。

① 完全式标题

完全式标题由"总结人＋总结时间段＋工作总结"构成，例如，《××2020 年工作总结》。

② 省略式标题

省略式标题可直接以"工作总结"为标题。

（2）正文

企业工作总结正文的内容一般分为工作情况、工作收获、工作问题、努力方向四部分。

图 5-9 所示为企业工作总结的正文写作公式。

图 5-9　企业工作总结正文的写作公式

① 工作情况

简单介绍进行工作总结的背景、根据、时间等，对工作情况、工作总体成果进行说明。

② 工作收获

对工作中的收获进行总结和归纳，分析自己工作取得好结果的原因。

③ 工作问题

分析工作中存在的问题及其原因，告诫自己不再犯同样的错误。

④ 努力方向

表明下一阶段的努力方向，展望未来乐观前景。

（3）落款

企业工作总结的落款为总结的团队或个人，以及总结时间。

| 2 | 工作总结的基础格式范本

企业工作总结的基础格式范本如下。

工作总结

工作情况 + 工作收获 + 工作问题 + 努力方向。

总结人（右对齐）

2020 年 9 月 30 日（右对齐，用阿拉伯数字）

5.5.3　工作总结的写作要点、模板与范例

企业工作总结，是对一段时间内个人或团队工作的回顾和反思，其写作要点、模板和范例如下。

| 1 | 工作总结的写作要点

企业工作总结在写作中，需要注重结构、内容和语言上的问题。

（1）结构上

工作总结的写作结构通常分为三种，即纵式结构、横式结构和纵横式结构，如表 5-6 所示。

表 5-6　工作总结的结构类型

结构类型	定义	优点
纵式结构	按照事物或实践活动的过程安排内容，把总结所包括的时间划分为几个阶段，按时间顺序分别叙述每个阶段的成绩、做法、经验、体会	事物发展或实践活动的全过程呈现得清楚明白
横式结构	按事实性质和规律的不同分门别类地依次展开内容，使各层之间呈现相互并列的态势	各层次的内容鲜明集中
纵横式结构	安排内容时，既考虑到时间的先后顺序，体现事物的发展过程，又注意内容的逻辑联系，从几个方面总结出经验教训	灵活、重点突出、条理清晰

（2）内容上

在企业工作总结的内容写作上，需要有凭有据地说明实际情况，不

能在没有调查数据、没有进行系统分析的情况下闭门造车。

（3）语言上

工作总结要求真实、客观，语言上不能堆砌辞藻，要确切说明情况，语言朴素。

| **2** | 工作总结的写作模板

表 5-7 所示为企业工作总结的写作模板。

表 5-7　企业工作总结的写作模板

标题	×××2020年度工作总结
主送单位	
正文	2020年，我××××××（工作情况）。 一、工作经验总结 ××××××。 二、工作中存在的问题 ××××××。 三、2021年工作计划 ××××××。
落款	××× ××××年×月×日

| **3** | 工作总结的写作范例

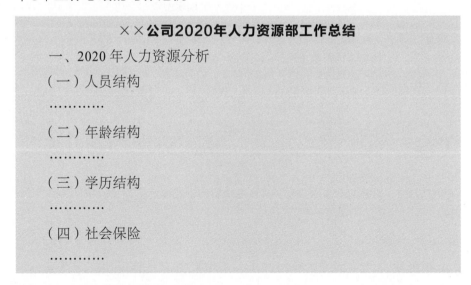

××公司2020年人力资源部工作总结

一、2020 年人力资源分析

（一）人员结构

…………

（二）年龄结构

…………

（三）学历结构

…………

（四）社会保险

…………

（五）工伤处理

…………

二、2020 年工作完成情况

公司于 2020 年 7 月正式宣布成立人力资源部，高度体现了公司对人才管理的重视，以及确保实现人力资源作用最大化的决心。现将过去半年工作总结如下。

（一）人员招聘

…………

（二）档案管理工作

…………

（三）人员薪酬福利核算

…………

（四）社保工作

……

（五）职称评审工作

…………

三、2021 年工作计划

（一）人员招聘

…………

（二）人力资源培训与开发

…………

（三）加强员工关系管理

…………

（四）人力资源管理工作优化改进

…………

四、合理化建议

（一）人才选拔及培养

…………

（二）绩效考核方式优化

··········

（三）人才储备

··········

××公司人力资源部（公章）

××××年×月×日

5.6

合作意向书

企业之间经常存在合作与交流，当涉及重大项目或涉外经营项目时，可以先签订合作意向书，表达合作双方的诚意。

有一次，我所在的 A 企业与同类型的 B 企业一起竞争 C 企业的承建项目，C 企业对 A 企业和 B 企业的技术水平都较为满意，但不知道哪家的合作诚意最大，能提供更为优越的条件。

为此，A 企业该项目的负责人在企业内部发动所有会写合作意向书的人员，共同商讨后拟定了一份合作意向书，递交到 C 企业项目负责人手上。合作意向书本需合作双方共同协商拟定，但为了表达本企业的诚意，我们将需要 C 企业负责的事项空出来，将自身能够提供的条件、目前的技术水平陈列出来，只等 C 企业填写属于他们的那部分空缺。

通过这份"单向的"合作意向书，C 企业看到了我们的诚意，也认为我们确实有能力、有水平接下这个项目，于是立刻拍板决定与我们合作。

5.6.1　合作意向书的特点及与合同的区别

合作意向书是指在经济活动中，协作双方或多方就某一合作事项在进入实质性谈判之前，进行初步接触后，所形成的带有原则性、方向性意见的文书。

简单来说，就是在企业合作中，双方如果有合作意向，在正式签订合同之前，可以签署合作意向书，表达双方愿意继续合作的意愿。

|1| 合作意向书的特点

作为进一步洽谈活动的基础凭证，合作意向书具有以下五大特点。

（1）目的的一致性

能够签订合作意向书，意味着双方或多方在某一具体事务上取得了共识，在初步商谈的基础上具有共同的目的。

（2）协商性

在签订合作意向书的过程中，双方或多方的地位是平等的，是相互商量的关系，不是服从与被服从的关系。且单位不分大小，地区不分内外，双方或多方都可为自身利益争取有利条件。

合作意向书的这一性质也决定了合作意向书在写作语气上多为表达希望或协商的语句，如"希望""拟""将""予以合作"等。

（3）临时性

合作意向书是阶段性的产物，只在初步接触以后到签订协议或合同这一段时间内起作用。一旦签署了协议或合同，合作意向书也就完成了它的历史使命。临时性、短期性是合作意向书的显著特点。

（4）概括性

合作意向书内容比较简单，语言高度概括，所以具体细节、详细方案还有待进一步会谈讨论。合作意向书多用条款式表述，概括出几条原则性意见，规定下一步怎么做，何时达成协议或签订合同，这是合作意向书的基本要求。

（5）不具有法律效力

合作意向书不具备法律效力，双方或多方只是基于信誉签署。如果合作意向书签订后，其中一方不履行自己的承诺，使合作出现问题，也只是在道义上失信，一般难以追究法律责任。但在商业合作中，信誉对于一家企业而言至关重要，企业不要轻易失信于人，否则将失去很多合作伙伴。

|2| 合作意向书与合同的区别

合作意向书与合同有相似的地方，比如都是签署双方在平等地位下签署的，或是都是双方意见达成一致的凭证。很多刚接触此类公文拟写的新手容易将两者混淆。事实上，这两者具有很大差别，如表5-8所示。

表5-8　合作意向书与合同的区别

区别	合作意向书	合同
内容上	表明意愿，并没有具体的规划，对具体问题没有详细解释	详细、具体、系统
用途上	向有合作想法的组织或个人发出签订合同的邀请，以最终达成签订合同或协议的目的	保障合同各方具体的权利和约定合同各方的义务
法律效力上	不具有法律效力	具有法律效力

5.6.2　合作意向书的基础写作范式与格式

企业合作意向书的基础写作范式与格式如下。

|1| 合作意向书的基础写作范式

企业合作意向书一般包括标题、正文和落款三部分。

（1）标题

企业合作意向书标题的写作方式主要有以下三种。

① 完全式标题

完全式标题通常由"合作双方或多方名称＋合作项目＋意向书"构成，比如，《××公司和××公司第三季度广告合作意向书》。

② 省略式标题

在合作双方或多方都较为确定的情况下，可以省略合作方名称，由"合作项目＋意向书"构成合作意向书的标题，比如，《第三季度广告合作意向书》。

③ 简单式标题

在大多数情况下，合作意向书可用文种作为标题，即"意向书"或"合作意向书"。

（2）正文

企业合作意向书正文的内容一般分为导语、合作内容和结语三部分。

图 5-10 所示为企业合作意向书正文的写作公式。

图 5-10　企业合作意向书正文的写作公式

① 导语

企业合作意向书的导语通常需要说明以下事项：签订意向书的单位；明确该意向书的指导思想、基本原则和政策依据等；规定本意向书需要实现的总体目标。

② 合作内容

一般以分条列项的形式来表述合作的具体内容，各项条款之间的界限要清楚，主要包括合作项目陈列、合作方式、合作程序、合作方应尽义务等内容。

③ 结语

合作意向书是协商性文书，不会具体、详细地陈述合作事项，因此通常会采用"未尽事宜，在正式签订合同或协议书时予以补充"作为结语，以便留有余地。

（3）落款

企业合作意向书的落款为各方谈判代表签名、盖章，要写明签订时间、各自联系方式等。

|2| 合作意向书的基础格式范本

企业合作意向书的格式通常为合同格式，合作双方或多方一式多份，各执几份。合作意向书采用的字体、字号可由合作方协商规定，为了使合作意向书更规范，可以与合同的字体、字号保持一致。

（1）企业合作意向书的格式范本

企业合作意向书（二号黑体加粗）

导语＋合作内容＋结语。（四号仿宋字体）

甲方：　　　　　　　　　　　　乙方：

法人代表：　　　　　　　　　　法人代表：

联系人：　　　　　　　　　　　联系人：

联系电话：　　　　　　　　　　联系电话：

联系地址：　　　　　　　　　　联系地址：

邮政编码：　　　　　　　　　　邮政编码：（四号黑体）

　　　　　　　　　　　　　　　×××× 年 × 月 × 日（四号黑体）

（2）企业合作意向书的格式说明

企业合作意向书只是一种导向性文书，通常只需说明合作意向与合作目标即可，不要求描述具体内容和步骤，不需要写主送单位。

合作意向书正文部分行距通常为 1.5 倍行距，看起来更加清晰和美观。标题名称与下文之间间隔 1 行，签章栏与上文之间间隔 2 行。

5.6.3　合作意向书的写作要点、模板及范例

企业合作意向书在写作时，与其他企业公文有所不同，需要遵循特定的写作方法。

| 1 | 合作意向书的写作要点

合作意向书的内容拟写关系到各个合作方下一步的谈判和合作，因此在拟写的时候应该为后续的发展留足空间，具体应该从以下三个方面入手。

原则上，在拟写意向书的时候应该坚持平等互利的原则和合规性原则，在不违反相关法律法规和合作方各自职权的前提下，保证各方的权利。

内容上，意向书反映的内容必须真实有效、合理合法且尽量完整，以免在后续合作中遇到新的问题。必要时，可以给合作的对象留下足够的想象空间和转圜的余地。

语言上，意向书的语言不像其他公文那样详细和具体，更多的是一种笼统的表述，这样可以给后续的协商留下更多的空间。

| 2 | 合作意向书的写作模板

表 5-9 所示为企业合作意向书的写作模板。

表 5-9　企业合作意向书的写作模板

标题	关于××××（合作事项）的意向书
主送单位	无
正文	甲方：_____乙方：_____ 　　双方就_____项目的合作事宜，经过初步协商，达成如下合作意向。 　　一、同意就_____项目开展××合作。该项目的基本情况是：_____。 　　二、前期工作由甲乙双方各自负责。 　　甲方应做好以下工作： 　　1. _____； 　　2. _____； 　　3. _____。 　　乙方应做好以下工作： 　　1. _____； 　　2. _____； 　　3. _____。 　　三、在甲乙双方完成前期工作的基础上，双方商定_____年_____月_____日签订正式合同。 　　四、本意愿书是双方合作的基础，甲乙双方的具体合作内容以双方的正式合同为准。 　　五、此意向书双方加盖公章，法人代表签字生效，一式四份，各执两份。 甲方：　　　　　　　　　　乙方： 法人代表：　　　　　　　　法人代表： 联系人：　　　　　　　　　联系人： 联系电话：　　　　　　　　联系电话： 联系地址：　　　　　　　　联系地址： 邮政编码：　　　　　　　　邮政编码：
落款	××××年×月×日

餐饮合作意向书

　　××省××××餐饮有限公司（甲方）与××市××××有限公司（乙方），经双方协商决定，在餐饮业务上进行合作，以谋求互惠互利，提升市场竞争力。

　　一、双方合作项目与内容

　　1. 甲方授权乙方使用甲方商标品牌，在××市开设加盟店。

　　2. 甲方给乙方提供餐饮制作配方并提供技术培训。

　　3. 乙方向甲方缴纳加盟费。

　　…………

　　二、合作方式

　　双方本着互惠互利、风险共担，同一项目排斥第三方的原则，根据具体项目协商采用具体的多种合作方式，另行签订具体协议。

　　三、合作程序

　　由双方商定在适当时间，互派考察组，根据考察结果共同拟定合作项目、方式、内容、步骤等合作协议。

　　四、甲乙方应尽义务

　　1. 甲方提供相关市场信息，拟定帮助乙方进行店铺装修的计划。

　　2. 乙方准备派遣人员到甲方学习技术。

　　3. 甲乙双方确定日常的联络工作机制，落实具体的联络部门的联络人员，进行定期的联络工作。

　　…………

甲方：　　　　　　　　　　　乙方：

法人代表：　　　　　　　　　法人代表：

联系人：　　　　　　　　　　联系人：

联系电话：　　　　　　　　　联系电话：

联系地址：	联系地址：
邮政编码：	邮政编码：
	××××年×月×日

5.7

说明书

　　我的一位朋友创办了一家工厂，主要生产暖贴[①]。他告诉我，他在初拟暖贴使用说明书时，只写明了使用方法，却没有将可能存在的安全隐患和使用时应注意的事项写入使用说用书。后来有关部门在审核其暖贴产品时，发现了这一问题，并要求他进行改正。原因是暖贴在使用时如果操作不当，很有可能出现安全问题。

　　由此可见，即便是生活中常见的说明书的写法，也要遵循其写作的特定原则和方法。

5.7.1　说明书的类型和特点

　　企业在生产经营活动中，经常涉及说明书的写作，例如企业所销售的产品或服务的说明书。说明书是采用说明的表达方式，对事物的内容、构造、特点、功能、作用等进行解说、介绍的企业公文。

|1|说明书的类型

　　根据所要说明的事物对说明书进行分类，主要可分为介绍类说明书、使用类说明书两类，如图 5-11 所示。

---

① 暖贴：片状贴剂，是由原料层、明胶层、无纺布三部分组成的，原料层是由铁、石、活性炭、无机盐、水等合成的聚合物，可在空气中氧气的作用下发生放热反应，从而达到取暖的效果。

图 5-11　说明书的两大类型

|2| 说明书的特点

说明书是企业向用户介绍产品或服务的专用公文，具有以下三大特点。

（1）真实性

生产和销售的产品或服务面向广大消费者，说明书应当客观、真实地说明产品或服务的确切情况，不允许存在虚假信息，欺瞒消费者。

（2）代表性

企业产品或服务说明书是企业生产经营状况最好的反映，集中体现着企业的技术、服务水平，具有一定的代表性。

（3）说明性

说明性是说明书最突出的特点。说明书写作的主要目的就是告诉消费者企业相关产品或服务的信息，将这些信息陈述清楚，是写作的关键。

5.7.2　说明书的基础写作范式及格式

说明书的基础写作范式与格式如下。

|1| 说明书的基础写作范式

说明书一般包括标题和正文两部分，在正文中已经标明生产企业，所以没有落款部分。

（1）标题

说明书标题的写作方式主要有以下两种。

① 完全式标题

完全式标题通常为"产品名称＋说明书"，比如，《××牌剃须刀说明书》。

② 省略式标题

企业说明书有时可省略产品名称，直接以"说明书"为标题。

（2）正文

说明书正文的内容通常没有描写或修饰部分，而是直接进入正题，主要包括产品基本信息、产品用途、生产日期和使用期限三部分。

图 5-12 所示为企业说明书正文的写作公式。

图 5-12　企业说明书正文的写作公式

① 产品基本信息

产品的基本信息包括产品的性质、内部构成、外在形式、生产许可等，例如，药品的说明书要向消费者介绍药品的性能、特点、成分、批准文号等基本信息。

② 产品用途

主要介绍产品的功能、使用方法等信息。例如，药品要介绍主治病症、适用人群、服用方法、副作用、每次用量等使用信息。

③ 生产日期和使用期限

产品的生产日期、有效期和使用期限。例如，某个产品的生产日期为 2020 年 12 月 30 日，有效期为两年，使用期限为 2022 年 12 月 29 日。

│2│说明书的基础格式范本

说明书的格式通常由企业根据产品包装大小自行设计，没有特定要求。一般情况下，产品包装较大时，说明书的内容也较多。

（1）说明书的格式范本

××说明书
产品基本信息＋产品用途＋生产日期和使用期限。

（2）说明书的格式说明

说明书面向广大消费者，没有主送单位和落款部分。在正文中，为了将各种信息进行分类，使消费者更快分辨，通常会在每个版块之间空一行进行区分。

说明书中的产品生产日期、使用截止日期等，因为不断在变化，通常在特定位置用喷码的形式呈现出来。

5.7.3 介绍类说明书的写作要点、模板和范例

介绍类说明书是企业产品或服务的基本介绍，侧重于提供相关信息。

|1| 介绍类说明书的写作要点

因文化水平、地理环境、生活习惯等的不同，人们对产品说明书的内容还存在着认识和理解上的差异，所以，产品说明书在陈述产品的各种要素时，要有一个由浅入深、循序渐进的顺序。

很多消费者没有专业知识，就有必要用通俗浅显的语言，清楚明白地介绍产品，使消费者使用产品时得心应手，对注意事项心中有数，维护维修方便快捷。

强调产品的实用性，目的在于表现"我的比你的好用"这一点，突出产品优势，利于消费者使用产品。

同时，在说明书写作时还应牢记一点：说明书不仅是消费者使用产品或服务的指南手册，更是企业推广宣传产品或服务的营销文书，一定不能夸大其词，要实事求是。

|2| 介绍类说明书的写作模板

表5-10所示为产品介绍类说明书的写作模板。

表 5-10　产品介绍类说明书的写作模板

标题	××产品说明书
主送单位	无
正文	产品名：××××（准确产品名称）。 成分：×××××××（所有成分）。 使用方法：×××××××。 重量（净含量）：×××××××（根据不同产品决定）。 ××××生产许可证号：××××××××。 生产方：×××××××。 产地：×××××××。 保质期：×年（月、日）。 生产批号及限期使用日期：×××××××（见包装喷码）。 执行标准：××××。 …………
落款	无

| 3 | 介绍类说明书的写作范例

××牌一次性使用医用口罩说明书

【产品名称】一次性使用医用口罩

【型号规格】中号

【生产许可证编号】湘食药监械生产许×××××号

【产品注册证编号】湘械注准××××××

【产品技术要求编号】湘械注准××××××

【性能、结构组成】该产品由无纺布、过滤布、口罩戴、鼻夹组成。非无菌供应。口罩外观应整洁、形状完好、表面不得有破损和污渍，大小尺码应符合产品注册技术要求的规定，口罩带和鼻夹长度应符合产品技术要求的规定，细菌过滤效率应不小于 95%，口罩两侧面进行气体交换的通气阻力应不大于 49Pa/cm^2，细菌菌落总数 ≤ 100CFU/g，大肠菌群、绿脓杆菌、金黄色葡萄球菌、溶血性链球菌、真菌均不得检出。

【适用范围】适用于佩戴者在无体液和喷溅风险的普通医疗环境下的卫生护理。

【禁忌症、注意事项、警示及提示的内容】

1. 包装破损、霉变禁止使用；

2. 本产品为一次性使用产品，不可重复使用；

3. 对本品过敏者严禁使用；

4. 产品使用后，应按医疗废弃物进行处理。

【使用说明】打开包装即可使用，佩戴口鼻处，口鼻带固定于耳后，根据鼻梁塑造鼻夹，调整系带松紧度，使口罩紧贴面部。摘除口罩时，不可接触口罩前面，先去掉口罩带，用手指捏住口罩带按医疗废物要求丢弃处理。

【储存、运输】产品应贮存在相对湿度不超过80%，且无腐蚀性物质侵蚀、通风良好的室内；在运输过程中应防晒、防雨淋，不得挤压，以免包装破损。

【有效期】一年

【说明书编制日期】2020年9月30日

【注册人/售后服务单位/生产企业】××××××有限公司

【生产地址】××省××市××路××号

【服务电话】××××××

【生产日期】××××年×月×日

【生产批号】××××××××

【有效期至】××××年×月×日

5.7.4 使用类说明书的写作要点、模板和范例

使用类说明书主要是向人们介绍具体的关于某产品的使用方法和步骤的说明书，简而言之就是告诉消费者该如何使用企业的这一产品。

| 1 | 使用类说明书的写作要点

使用类说明书在写作时，首先要详细、清晰地写明产品的具体使用方法，写作语言要通俗易懂，让消费者一看就懂、一看就会。

其次重点标明使用时的注意事项，将消费者可能出现的错误操作标

识出来，以防消费者错误地使用产品，造成不良影响。

最后需要标明哪些人群禁止使用该产品，以免不能使用该产品的人群使用后出现不良反应。

| 2 | 使用类说明书的写作模板

表 5-11 所示为使用类说明书的写作模板。

表 5-11　使用类说明书的写作模板

标题	×× 使用类说明书	
主送单位	无	
正文	使用方法：××××××（具体使用方法）。 使用范围：××××××（在什么情况下适用）。 使用时的注意事项：××××××（一些使用禁忌等）。 禁用人群：××××××（不应使用本品的人群）。	
落款		无

| 3 | 企业产品或服务使用说明书的写作范例

××牌暖贴使用说明书

使用方法：

使用前，打开密封包装，揭去剥离纸，无须揉搓，贴在衣服上（避免直接在皮肤上使用）。

使用范围：

防寒、取暖及户外活动时的保暖。

使用时的注意事项：

1. 取出产品后，若察觉发热体破损、内装物侧漏，请勿使用。

2. 请注意防止低温烫伤。低温烫伤是指当皮肤与高于体温的发热体长时间接触后，产生红斑、水泡等症状。请随时注意，一旦出现这些症状，请立即取下。

3. 糖尿病患者、血液循环不良者、皮肤病患者，请在医师或药剂师的指导下使用。

防止低温烫伤的注意事项：

1. 请勿在就寝时使用，在被褥中使用或与其他取暖设备并用时，会使温度升高，请勿共用。

2. 请勿直接贴在皮肤上。

3. 请避免在同一位置长时间使用，并注意确认皮肤状况，如有异常请立即取下。

4. 儿童及皮肤对温度变化不敏感者，在使用时请特别注意。

5. 无法自行立即揭下本品者，请勿使用。

其他注意事项：

1. 请勿在容易被粘贴剂损伤的衣物（如长毛的衣物等）或高级服装上使用。

2. 为防止揭伤衣物，取下本品时请慢慢剥离。

3. 使用后想撕下重贴时（取下重贴时，粘力会有所下降），请慢慢撕下（避免撕破袋体，造成内容物外漏）。

4. 请勿入口，不小心吞入时，请立即用清水冲洗口腔，并迅速到医院诊治。

5. 孕妇及婴幼儿忌用，请置于儿童接触不到的地方。

6. 本品一旦与空气接触，即开始发热，不使用产品时请勿拆开密封包装。

7. 请避免尖锐物品刺破产品密封包。

8. 如不慎触及眼睛，应以大量清水冲洗，如不适持续，请速到医院诊治。

5.8

述职报告

述职报告是工作中的总结性报告，目的在于向上级领导陈述任职情况，在各大企业进行年终总结汇报时广泛使用。

华为每年年终都会举行"年终述职大会"，要求员工进行述职报告。我后来之所以受到领导的重视，很大的一部分原因是我每年的年终述职报告都完成得非常好，领导对我的工作能够有充分的了解，问题也能够得到及时解决。那么，怎样才能写出一份受领导赏识的述职报告呢？

5.8.1 述职报告的特点和作用

企业述职报告在企业中是企业员工向上级领导述说职责履行情况的一种事务文体，便于领导对员工的工作情况进行系统的了解。

|1| 述职报告的特点

述职报告在企业中作为员工汇报工作的重要表现形式，是企业对员工进行考核评判的重要依据，具有以下五个特点。

（1）个人性

与一般报告不同，述职报告强调个人性，主要是员工个人对工作情况的自查自检，并进行自我评价，系统梳理后向上级领导或上级部门进行陈述汇报。

（2）规律性

述职报告的目的在于总结经验教训，对接下来的工作起到一定的指导作用。在写作时，不是一味地对自身的工作内容进行罗列，而是整理、分析、研究，对前期的工作进行系统的陈述，从中找出带有某种普遍性的规律，也使得上级领导能够更恰当地对员工进行评判。

（3）通俗性

由于是公开进行汇报，面对的听众个性不同、情况不一，为了能够尽量让所有听众能够对自身有一个客观公正的评价，述职报告应具有通俗性，在保证内容严谨、语言规范的情况下，尽可能通俗易懂。

（4）真实性

听取述职报告是上级领导对员工工作进行了解的一个重要渠道，为使领导更直观地了解员工的工作内容，员工需客观真实地进行陈述，如实呈现取得的成绩和自身的不足。

（5）时效性

述职报告是员工用来对过去某一段时间内自身的工作情况进行总结汇报的，其内容具有很强的时效性。

│2│述职报告的作用

述职报告之所以被各大企业广泛运用，和其作用有很大的关系，那么述职报告究竟有哪些作用呢？

（1）展现述职者的能力

述职报告是一个展现能力很好的载体，每个人都应当利用述职报告把自己最好的一面展示给领导和同事，给领导和同事留下深刻的印象。

（2）锻炼的机会

不论是文字能力、表达能力还是临场应变的能力，在述职的过程中都能得到相应的锻炼。并且在拟写述职报告的过程中，相关的人员还需要对照相应的文件和规则总结自己的工作成果和经验，这也是一个提高的过程。

（3）发扬民主精神

在领导干部做述职报告时都会有同事参与，领导干部提拔新人的时候有述职报告作为参考也更加公平，这些都有利于发扬民主精神。

5.8.2 述职报告的基础写作范式与格式

企业述职报告的基础写作范式与格式如下。

│1│述职报告的基础写作范式

企业述职报告一般分为标题、称谓、正文和落款四个部分。

（1）标题

企业述职报告的标题有两种写作方式。

① 单行标题

单行标题即省略式标题，可直接写作"述职报告"。

② 双行标题

双行标题即完全式标题，可对述职报告内容进行简单概括或形容，如《回首过去，畅想未来——××年×月×日在职工大会上的述职报告》。

（2）称谓

称谓是述职者对听众的称呼，企业述职一般是针对上级领导和同事，可写作"尊敬的各位领导、各位同事"，称呼可根据自身的身份和听众的不同适当加以修改。

（3）正文

述职报告的正文一般由基本情况、取得的成绩、存在的问题和未来的计划四个部分构成，如图5-13所示。

图5-13　述职报告正文的写作公式

① 基本情况

用简要的文字对以往的工作情况（包括工作内容、工作进度等）进行说明，使听众能有一个大致的了解。

② 取得的成绩

对自身在工作中取得的成绩予以充分的自我肯定，以事实为依据，由点到面，重点突出在工作中的优点和对企业做出的贡献，便于领导进行审核评判。

③ 存在的问题

将在工作中遇到的问题进行陈述并寻求解决办法，同时表明自身在工作中存在的缺点和不足之处，要实事求是，不能避而不谈，更不能避重就轻。

④ 未来的计划

结合上述三个部分，进行一个简要的自我评价，提出切实可行的目标以及自身将如何提高水平、完成工作计划等。在结尾处应注意礼貌用语。

（4）落款

述职报告的落款部分应当写明自己的姓名以及所在的部门，并注明报告日期。

|2| 述职报告的格式范本

述职报告

尊敬的领导：（称谓）

　　基本情况＋取得的成绩＋存在的问题＋未来的计划。

述职者：×××
×××年×月×日

5.8.3 述职报告的写作要点、模板与范例

企业述职报告是企业员工的自述性报告，写作应简明扼要、有理有据。

|1| 述职报告的写作要点

述职报告的内容是向领导和同事展示自己的重要窗口，关系到述职者的职业生涯和未来发展，所以在拟写述职报告的时候，我们需要额外注意以下事项。

（1）表明成绩，剖析问题

述职者需要将自己的工作业绩写清楚、写明白，让领导和同事认清自己的能力。很多述职者在写述职报告的时候都没有理解这一点，往往会加入大量的修饰性或感情类语言，这使报告内容显得空洞，没有说服力。

述职者在拟写述职报告时，要厘清层次，因为述职的时间是有限的。如果述职者在述职的过程中，将自己任内的大小事情都事无巨细地

罗列出来，不仅无法突出自己的优势，还会使现场的领导和同事产生反感。因此，我们在拟写工作业绩的过程中，应该按照成绩的大小进行排序，把最优秀的业绩放在最前面，这样不仅突出了重点，还能够在第一时间获得在场人员的肯定。

（2）叙述为主，说明、议论为辅

述职报告是述职者向相关的领导以及同事讲述的，最主要的目的就是获得他们的认可。

因此在进行述职演讲的时候，我们不能和现实发生偏离，更不能文过饰非，抬高自己、贬低他人。不论是演讲的过程还是文字材料，都应该建立在真实的基础上，以具体的事件和案例说话，不能带有强烈的主观意见。

当要对某些问题发表议论的时候，一定是根据述职的流程或者领导的提问要求进行。通常情况下，议论环节都是在述职过程的最后，作总结分析的时候需要进行论证，这是一种将工作业绩进行升华的过程。

我们在拟写述职报告或者进行现场讲话的时候，会出现将述职报告和总结混淆的情况。述职报告不是单纯的总结，不能只按照总结的方法来进行表达，这是我们在述职的整个过程中不能忽视的。

| 2 | 述职报告的写作模板

表 5-12 为企业述职报告的写作模板。

表 5-12　企业述职报告的写作模板

标题	述职报告
主送单位	无
正文	尊敬的各位领导、各位同事： 　　回顾这一段时间的工作，在××××的帮助和指导下，我做了××××（阐述工作内容），取得了××××的成绩（介绍工作成绩）。我自知，在工作中还存在一些问题，××××（提出存在问题）。在接下来的工作中，我将××××（提出工作计划）。 　　以上是我的述职报告，请予评议！ 　　谢谢大家！
落款	述职者：××× ××××年×月×日

销售述职报告

各位领导、各位同事：

今年，我在公司领导和同事们的支持下，按照年初制定的工作目标，认真执行了每月的销售工作计划，每月业绩都达标，取得了良好的销售成绩。下面，我将根据今年工作的实际情况向领导和同事进行汇报，如有不当，请批评指正。

一、成绩汇报

今年，我按照公司的战略部署和工作安排，与同事们一起努力，完成了公司下达的销售目标，总销售额达 500 万元。

二、经验总结

能够取得这一优异成绩，我认为主要有以下三点原因，在此与各位同事分享。

1. 主观能动性强

我认为我能够取得较好销售业绩的重要原因，是我的主观能动性比较强。在日常工作中，我力图发掘更多的潜在客户，不放过任何一个可能成交的机会，不因为自身原因而懈怠。

2. 老客户维系好

老客户是我们销售工作中的重点，我的很多销售业绩都是老客户带来的。我经常嘘寒问暖，老客户询问产品的相关知识，每次我都会耐心解答，为此，增加了老客户对我的信任。

3. 团队合作好

销售团队之间配合默契，有时客户有购买意向但仍存在顾虑时，同事会帮忙解说，帮助我促成交易，我很感谢他们。

三、不足之处

虽然销售业绩达标，但在工作过程中，我还是存在很多不足之处，需要改进，也希望与其他同事共勉。

1. 没有完全熟悉业务

虽然我已经加入公司两年，但由于公司产品众多，我对每项产品没有做到完全熟练掌握其性能和卖点，以至于流失了一部分客户。

2. 没有全方位挖掘销售渠道

目前，我们的销售工作主要在线下展开，但随着互联网技术的发展，人们越来越多地涌入线上渠道，我们应该线上线下相结合，打通全方位销售渠道，获得更多客户和机会。

今后，我要继续加强学习，掌握做好销售工作必备的知识与技能，全面提高自身素养，争取每年都能超额完成销售任务。

我的述职报告完了，谢谢大家！

述职者：×××

××××年×月×日

第 6 章

企业公关礼仪类公文
的写作方法与范例

企业公关礼仪类公文是指在企业各类社交场合、公关
场合中使用的公文，这类公文主要用来维系企业的公
共关系、社会形象。在企业中常用的公关礼仪类公文
主要包括贺信、声明、感谢信、倡议书、邀请函、讣
告和悼词等。

6.1

贺信

在人际交往中，我们经常会祝贺他人。常见的祝贺语句包括"新婚快乐，百年好合""生日快乐，福如东海，寿比南山""事业有成，步步高升"等。

这些祝贺词在企业中也运用得较为频繁，例如员工升迁时、合作企业周年庆典时、团队取得重大成绩时、个人做出突出贡献时、工程竣工时、科研项目成功时……重要人物寿辰时……这些祝贺可以是口头上的简短表达，也可以通过书面形式传达，这类书面形式的祝贺性公文，即为贺信。

6.1.1 贺信的特点及作用

贺信是企业对取得重大胜利、有突出成绩或喜庆之事的有关单位及人员表达祝贺或庆贺的一种礼仪性公文。

|1| 贺信的特点

贺信主要具有祝贺性、真挚性和及时性三大特点。

（1）祝贺性

贺信的写作目的单一，主要体现在"贺"字上，祝贺者通过这种形式表达对他人的祝贺和赞颂，具有典型的祝贺性。

（2）真挚性

贺信是对他人诚挚的祝贺，是真实情感的流露，语言要热烈真挚，充满感情色彩，给人以鼓舞和力量。

（3）及时性

贺信主要为了表示祝贺，需要在祝贺事由还在持续时内发出，具有及时性。

|2| 贺信的作用

贺信在企业中具有表彰、赞扬、庆贺对方在某个方面所做贡献的作用。

情感真挚、表达顺畅的贺信往往会给收到贺信的人带来莫大的鼓励和安慰。

6.1.2　贺信的基础写作范式与格式

尽管祝贺的内容不同，但贺信的写作方式和手法是相同的，以下为企业贺信的基础写作范式与格式。

|1| 贺信的基础写作范式

企业贺信主要由标题、正文和落款三部分组成。

（1）标题

企业贺信的标题写作方式主要有以下三种。

① 完全式标题

完全式标题的写作公式即"给受贺单位或个人的 / 致受贺单位或个人 + 祝贺事项 + 贺信"。这是一种较为正式、规范的标题拟写法，比如，《致 ×× 企业新技术研发成功的贺信》。

② 省略式标题

省略式标题的写作公式即"给受贺单位或个人的 / 致受贺单位或个人 + 贺信"。例如，《给 ×× 企业的贺信》。

③ 简单式标题

简单式标题只需写"贺信"两字即可。

以上三种标题在企业贺信中都可使用，但通常对重大事项的贺信要使用完全式标题。

（2）正文

企业贺信正文的内容一般分为主送单位、表示祝贺、提出希望、结语四部分，如图 6-1 所示。

图6-1　企业贺信正文的写作公式

① 主送单位

贺信的主送单位是受贺单位或受贺人，顶格写受贺单位或个人的称谓，后面加冒号。

② 表示祝贺

对对方取得的成绩或需要祝贺的事项表达祝贺之情，对重大成绩还可以说明其达成的意义，例如科研成果达成后的重要意义。

③ 提出希望

在表达祝贺之情后，发起祝贺的企业或个人可以对自己提出希望，要求自己向受贺企业或个人学习，表达自己的决心和态度。

④ 结语

贺信结语通常为再次表达祝贺，此时祝贺的方向和内容可以更广阔，例如"祝愿贵公司再创辉煌"等。

（3）落款

企业贺信落款为发出祝贺的单位或个人。

｜2｜贺信的基础格式范本

企业贺信采用书信格式，有其特定格式范本。

（1）企业贺信的格式范本

致××的贺信

主送单位：（标题下一行顶格）

　　表示祝贺＋提出希望＋结语。（主送单位下一行空两格）

　　此致（正文结束后下一行）

敬礼！（顶格）

发文单位（右对齐，三号仿宋）

2020 年 9 月 30 日（右对齐，用阿拉伯数字）

（2）企业贺信的格式说明

企业贺信采用的是书信体格式，在结尾处要加上"此致""敬礼"这两个词。"此致"在正文结束后另起一段，表示正文的结束；"敬礼"在"此致"下面一行顶格书写，表示敬意，"敬礼"后要接感叹号。

6.1.3 贺信的写作要点、模板与范例

企业贺信主要分为上级给下级单位或所属职工、群众发出的贺信；同级单位之间的贺信；下级单位、职工给领导机关的贺信；对重要领导人、科学家、艺术家寿辰的贺信等。无论是写给谁的贺信，都应该遵循贺信的写作要求。

│1│贺信的写作要点

企业贺信措辞必须真诚、雅丽、简洁，具体表现为以下三个方面。

（1）内容方面

贺信的正文部分应该包括五个方面的内容：向谁祝贺、祝贺什么、为什么祝贺、祝贺话语以及提出要求与希望。另外，当在贺信中提及对方的成就时，应该实事求是。

（2）情感方面

贺信要表达出的情感应该是真挚热烈的，能让被祝贺人充分感受到其中鲜明、充沛的喜悦热烈之情，从而受到鼓舞和激励。贺信中的评价要恰当而有新意，文字简练，语言朴素，不堆砌辞藻，不夸大其词，不然容易显得不够真挚。

（3）用语方面

贺信应该采用简练的语言，用不太长的篇幅表达出所有应该展现的内容，并突出中心，不写累赘、老套的语言。

2 贺信的写作模板

表6-1所示为企业贺信的写作模板。

表6-1 企业贺信的写作模板

标题	贺信
主送单位	受贺单位或个人：
正文	×××××单位或个人××××××（祝贺事项），谨此向你们表示真诚而热烈的祝贺！（表示祝贺） 这××年来，贵公司××××××（主要功绩），做出了巨大贡献。我们两家企业之间有着深厚情谊（表达情谊），××××××风雨同舟、患难与共××××××。希望我们的战略合作关系能够不断发展，迈向一个新高度！（提出希望） 最后，再次祝愿××××××！ 此致 敬礼！
落款	××××有限公司 ××××年×月×日

3 企业贺信的写作范例

致××公司成立5周年贺信

××××公司全体员工：

1月1日是贵公司成立5周年纪念日，谨以此向你们表示真诚而热烈的祝贺！

5年时间虽不长，但贵公司在公司领导的带领下，发扬勇于创新、不断进取的精神，在业界开辟出一条属于自己的独特的发展道路。为业界其他企业发展提供了新思路和新的借鉴。

贵公司创新意识强，在管理创新、人才引进、薪酬激励等方面的创新性举动产生了极大的社会效益和经济效益，走在同行业企业的前面。去年，贵公司年营业额达到5000万元人民币，我们为你们取得的重大成绩，再一次表示衷心的祝贺！

我们两家企业之间有着深厚情谊，几乎同时期创建，在互相竞争又互相帮助和促进下共同进步，很感谢贵公司对我公司提供的各项帮助，我们时常心怀感恩。

最后，再次祝愿贵公司在未来的 5 年、50 年发展中都能有更灿烂的辉煌功绩！

此致

敬礼！

×× 公司（公章）

××××年×月×日

6.2

声明

随着科技的发展，信息透明化程度越来越高，很多企业开始借助微博、短视频等平台发表公开声明。尤其是在企业的合法权益受到侵害，或是企业出现负面新闻时，通常都会使用声明这一文体表达企业态度。

我们经常会看到一些企业因为产品质量问题引起了一些消费者的不满，所以特意发布声明，解释产品质量问题出现的原因，并表达对消费者的歉意，最后表示将给予消费者补偿，并保证不再发生类似情况。

6.2.1 声明的类型和特点

企业声明是企业对某一事项或问题公开表明自身立场、态度或决定的一种公关性公文。

|1| 企业声明的类型

根据企业声明的内容，可以将企业声明分为维权性声明、公关性声明和遗失作废声明三类，如图 6-2 所示。

图6-2 企业声明的三大类型

|2| 企业声明的特点

企业声明具有公开性、表态性和警示性三大特点。

（1）公开性

企业声明具有表明立场、观点和态度的作用，需要广而告之、公开发布，让更多关注企业动态的人了解。

（2）表态性

当企业的权益受到侵害、陷入负面新闻中或是有重要物品遗失时，发表声明都能迅速让外界了解企业的态度，具有表态性。

（3）警示性

企业声明的警示性主要体现在维权性声明上。维权性声明通常会对侵害企业权益的人或单位提出警告，要求他们立即停止侵权行为，否则将采取法律措施。

6.2.2 声明的基础写作范式与格式

企业声明是企业形象的重要体现，其基础写作范式与格式如下。

|1| 声明的基础写作范式

企业声明主要由标题、正文和落款三部分组成。

（1）标题

企业声明标题的写作方式主要有以下三种。

① 完全式标题

完全式标题的写作公式即"声明单位＋问题＋声明"。这是一种较为正式、规范的标题拟写法，比如，《××企业道歉声明》。

② 修饰性标题

修饰性标题的写作是在声明前加一些修饰词，写作公式为"修饰词＋声明"。通常是为了表明声明的重要程度，例如，《紧急声明》《郑重声明》《严正声明》等。

③ 简单式标题

简单式声明标题只写"声明"两字即可。

（2）正文

企业声明正文的内容一般分为交代情况、表明态度、提出方法三部分。企业声明通常没有主送单位，有时为了拉近与消费者的距离，将主送单位写为"亲爱的顾客""敬爱的广大消费者"等。

图 6-3 所示为企业声明正文的写作公式。

图 6-3　企业声明正文的写作公式

① 交代情况

简要交代事件或问题的事实情况。

② 表明态度

就事实情况表明企业的立场、观点、态度和主张。

③ 提出方法

提出具体的解决措施和方法。

在企业公文结语处可以写"特此声明"，也可以不写。

（3）落款

企业声明落款为发表声明的单位或个人，如为企业，需要加盖企业印章。

｜2｜声明的基础格式范本

企业声明的基础格式范文如下。

（1）企业声明的基础格式范本

> **声明**
>
> 交代情况＋表明态度＋提出方法。（标题下一行空两格处开始书写）
>
> 特此声明。（正文结束后另起一行，空两格处开始书写）
>
> 发文单位：××公司
>
> 2020年9月30日

（2）声明的格式说明

企业声明的格式通常没有特别限制，但需要注意发布在不同网络平台上，起到的效果可能不同，企业应当在发布前再三检查，保证企业声明的庄重严肃。

6.2.3　维权性声明的写作要点、模板与范例

企业维权性声明是指企业的合法权益遭受侵害时，为了维护自身的合法权益，制止侵权方侵权行为而告知公众的公文。

|1| 维权性声明的写作要点

维权性声明在写作上主要有以下两方面的要求。

（1）内容上

维权性声明应当一事一文，针对侵权单位或个人发表，需要提供确凿的侵权证据，并突出侵权行为对本企业的危害，辅以相关法律条文证明，力求使声明有理有据，令人信服，并起到威慑和警示作用。

（2）语言上

维权性声明在用语上应当庄重严肃，要向社会公众和侵权者表明，企业的合法利益是绝对不允许受到侵犯的。

|2| 维权性声明的写作模板

表6-2所示为企业维权性声明的写作模板。

表6-2　企业维权性声明的写作模板

标题	严正声明
主送单位	无
正文	近日，××××不法分子××××（侵权行为），这种行为严重损害了××××（侵害的利益）。 　　为此，本公司严正声明如下。 　　1.××××与本公司无关（说明情况）。 　　2.××××应立即停止××××侵权行为，否则我公司将依照××××法律，××××（提出诉讼等解决措施）。 　　3.请广大消费者在使用本公司产品时，仔细甄别，并积极向本公司提供××××线索。（提醒用户注意，并搜集线索） 　　举报电话：××××××××
落款	××××有限公司 ××××年×月×日

| 3 | 维权性声明的写作范例

严正声明

　　近日，在市场上出现了假冒我社名义出版的名为《××××图鉴》的图书，该图书内容低俗，纸张质量低劣。这种违法盗版行为严重影响了我社的声誉和合法经济利益，同时造成了恶劣的社会影响，也损害了读者的利益。

　　为此，本社严正声明如下。

　　1.《××××图鉴》（统一书号：××××××××××××）系盗用我社书号的非法出版物，与本社无关，广大消费者请勿上当。

　　2.根据我国法律××××条，违法印刷者将承担××××××的法律责任。非法印刷该图书者应立即停止印刷，并收回和销毁已有书籍。本社已就此事向公安机关报案。

　　3.请广大消费者积极向执法机关或本社提供相关线索，对于提供线索者，本社将给予一定的物质奖励。

　　举报电话：××××××××××

××出版社有限公司（公章）

××××年×月×日

6.2.4 公关性声明的写作要点、模板与范例

发表公关性声明是企业在遭遇信誉危机时，化解危机的重要公关手段。随着网络技术的发展，企业一旦出现负面新闻，便会迅速发酵，负面影响非常大。在面对突发而又具有高破坏性的危机时，越来越多的企业选择发布公关性声明，以正式、直接的方式挽回大众的信任。

|1| 公关性声明的写作要点

企业公关性声明的写作需要慎重，如果声明内容不合适，很有可能扩大负面影响，消费者拒绝"买单"。对企业公关性声明的写作，需要注意以下三点。

（1）明确责任，表明态度

企业公关性声明需要点明企业应承担的责任，表明企业不会坐视不理，将承担其相应责任的态度。

（2）郑重道歉，关注利益相关者的诉求

企业如果出现实质性错误，一定要郑重向广大用户道歉，并关注相关利益者的诉求，使用真诚的话术，请求用户原谅。

（3）提出问题的解决方案，保证问题最终得以解决

公关性声明中，需要写出切实可行的问题解决方案，保证问题最终得到解决并不再出现类似情况。

|2| 企业公关性声明的写作模板

表 6-3 所示为企业公关性声明的写作模板。

表 6-3　企业公关性声明的写作模板

标题	声明
主送单位	无
正文	××企业在××××年×月×日××××××××（错误事项），之后我们陆续接到来自顾客及社会各界的批评、反馈和建议。谨在此检讨如下。 　1. ××××是企业高层的错误决策，伤害了××××的利益，对此我们深感抱歉。

标题	声明
正文	2. 公司决定，即日起××××××××（整改措施）。 3. ××企业将持续优化××服务，加强管理，积极欢迎社会各界对我们进行监督。（表明决心和态度）
落款	××××有限公司 ××××年×月×日

|3| 公关性声明的写作范例

声　　明

我们已关注到央视 315 晚会提及的本公司餐厅管理问题的报道，本公司对此非常重视，迅速成立了调查小组，对事件进行深层次调查。

同时，我们立即对出现问题的餐厅进行了停业整顿。报道中提及的餐厅为本公司的加盟店，这家餐厅违背了本公司"顾客第一"的宗旨，是我们管理的失误。我们辜负了广大消费者对本公司的信任，对此深表歉意。

我们将全力配合政府相关机构调查，对相关涉事人员进行惩处，并保证不再出现类似情况。

最后，感谢媒体、政府相关机构和消费者的监督，我们将引以为戒。

×××× 公司

×××× 年 × 月 × 日

6.2.5　遗失作废声明的写作要点、模板与范例

遗失作废声明是指企业遗失了支票、证件、公章、发票等重要凭据或文件后，为防止被不法分子冒用而发布遗失物作废信息的公文。

|1| 遗失作废声明的写作要点

企业的重要凭据或文件一旦被冒用，将给企业带来不可估量的经济损失和名誉损失，严重时还要承担法律责任。为此，及时发布遗失作废声明，表明在物品遗失期间其他人利用该物品产生的行为与本公司无关，可最大程度地杜绝可能存在的隐患。

企业遗失作废声明在写作时的要点是将遗失物品的相关信息详细、准确地写清楚，以避免产生歧义。例如，在遗失发票后，要详细和准确说明公司税号、企业全称、发票代码、发票号码、遗失份数；遗失营业执照后，要详细和准确说明营业执照编号、企业全称。

|2| 遗失作废声明的写作模板

表 6-4 所示为企业遗失作废声明的写作模板。

表 6-4　企业遗失作废声明的写作模板

标题	声明
主送单位	无
正文	近日，我公司不慎遗失××××（遗失物件），编号为×××××××××（具体信息）。我公司已向××××（作废机构）申请××××作废。 特此声明。
落款	××××有限公司 ××××年×月×日

|3| 遗失作废声明的写作范例

声　　明

我公司近日不慎将中国建设银行××支行银行卡遗失，银行卡账号：××××××××××××。我公司已向银行申请该卡作废。

特此声明。

××××公司

××××年×月×日

6.3

感谢信

在我刚刚创业时，有一家企业曾经找到我，希望我能够对他们的员工进行写作培训。我答应了这一请求，然后尽心尽力地准备了培训内容，后来培训效果很好，该企业的员工写作水平都有所提升。

令我没有想到的是，该企业的领导在事后郑重其事地发来了一封感谢信，信中对我表示了诚挚感谢，并希望与我继续保持良好的合作关系。为此我心中有些感动。我的公司刚刚成立，算上我也只有8个人，而该企业在业内声名显赫。这样的企业领导能够放下身段，向我表示感谢，我感受到了莫大的尊重，自然愿意与该企业继续合作。

这便是企业感谢信的作用，它能够让企业与企业、企业与个人更好地进行合作，形成互帮互助、合作共赢的良好局面。

6.3.1 感谢信的特点及作用

企业感谢信是重要的礼节性文书，是指单位或个人在得到某人或某单位的关心、帮助和支持后向其表示感谢的信件。

|1|感谢信的特点

企业感谢信作为一种应用文体，在向别人表达谢意时使用，有其他文体不具备的一些特点。

（1）公开性

企业感谢信用于表达对单位或个人的感谢，可通过微博、微信以及其他自媒体平台等形式公开。

（2）真实性

真实性主要体现在感谢对象和感谢事由两个方面，要求将事情发生的时间、地点以及被感谢对象所做的事情以及对自身的影响如实叙述清楚，不得歪曲事实。

（3）感召性

感谢信应洋溢着深切的感恩之心和感激之情，可使被感谢人受到强烈的肯定和鼓舞，同时起到教育作用，对其他人有一定的感染力和号召力。

（4）恰当性

感谢信表达感谢时措词要符合双方身份，应当结合实际情况，避免显得自大或卑微。

|2| 感谢信的作用

发布感谢信是一种特殊的沟通方式，有助于企业之间建立长期良好的合作关系。

对被感谢人而言，感谢信起到表扬的作用，是一种莫大的激励，同时也对其他人起到一定的鞭策作用。

6.3.2 感谢信的基础写作范式与格式

企业感谢信写起来并不复杂，但需要抓住重点。

|1| 感谢信的基础写作范式

企业感谢信主要由标题、正文和落款三部分组成。

（1）标题

企业感谢信标题的写作方式主要有以下两种。

① 完全式标题

完全式标题的写作公式为"受文单位＋感谢信"，比如，《致××企业的感谢信》。

② 省略式标题

通常情况下，感谢信可直接以"感谢信"为标题，直接明了。

（2）正文

企业感谢信正文的内容一般分为主送单位、感谢事项、说明结果、表达感谢四部分，如图6-4所示。

图6-4 企业感谢信正文的写作公式

① 主送单位

感谢信的主送单位为所要感谢的单位名称或个人姓名。如果要感谢的是个人，需要在个人姓名后加上相应称谓，例如"××先生""××女士""××同志"等。

② 感谢事项

简要说明发表感谢的原因，交代感谢事项，将感谢事项发生的时间、地点、人物和具体经过说明清楚。例如，"上周三贵公司的技术人员张××帮助我们公司解决了一大技术难题"。

③ 说明结果

说明感谢事项发生后，产生了什么样的结果，给接受帮助的企业或个人带来了什么样的良好影响。例如，"在你们的帮助下，我公司新产品顺利发售"。

④ 表达感谢

表示衷心感谢，并表明己方将向对方学习，希望能保持良好的合作关系等。例如，"我们特向贵公司表示衷心的感谢，希望继续向贵公司学习，双方能建立长久的战略合作伙伴关系"。

（3）落款

企业感谢信落款为表示感谢的单位或个人，落款为单位时应当加盖单位印章。

|2|感谢信的基础格式范本

企业感谢信采用书信格式，有其特定的格式范本。

（1）企业感谢信的格式范本

致××公司的感谢信

主送单位：（标题下一行顶格）

    感谢事项+说明结果+表达感谢。（主送单位下一行空两格）

    此致（正文结束后下一行）

敬礼！（顶格）

发文单位（右对齐，三号仿宋）

2020年9月30日（右对齐，用阿拉伯数字）

（2）企业感谢信的格式说明

企业感谢信采用书信体格式，在结尾处要加上"此致""敬礼"这两个词。"此致"在正文结束后另起一段，表示正文的结束；"敬礼"在"此致"下面一行顶格书写，表示敬意，"敬礼"后要接感叹号。

6.3.3　感谢信的写作要点、模板与范例

企业感谢信是向企业表达感谢，内容应当真挚诚恳。

|1| 感谢信的写作要点

感谢信在写作上有其特殊的写作要领，主要有以下三点。

（1）明确的感谢对象

正式的感谢信必须要有确切的感谢对象，以便于大家都能明确地知道是在感谢谁。

（2）具体的感谢事由

应向被感谢对象表明感谢的具体事由，同时叙事简要清楚，使对方能回忆起来，避免泛泛而谈，显得十分空洞。

（3）鲜明的感情色彩

感谢信致谢的色彩应当鲜明强烈，感情真挚，充分表达对对方的感激之情。

|2| 感谢信的写作模板

表 6-5 所示为企业感谢信的写作模板。

表 6-5　企业感谢信的写作模板

标题	感谢信
主送单位	××公司：（感谢对象）
正文	我司诚挚感谢贵公司在××××期间对我司的帮助与支持！（表达感谢） 贵司为我们提供了××××的帮助，使得我司××××项目顺利运行。（帮助的意义）

标题	感谢信
正文	最后，祝愿贵司×××××××！（表达祝愿） 此致 敬礼！
落款	××公司 ××××年×月×日

|3| 感谢信的写作范例

感谢信

××公司××项目负责人：

您好！

我司于××××年××月引进贵司生产线，在前期试产过程中，由于经验不足遇到了诸多问题，感谢贵司不遗余力地提供帮助，并特意指派相关技术人员前来我司进行技术指导，为我司节省了大量的人力、物力和财力。

在此尤其感谢贵司技术员×××先生，在派驻我司期间，认真负责，指导我司员工如何正确操作机器，出现的各种问题也到了妥善解决。该生产线如今能正常运行投产，离不开贵司以及×××先生的大力支持。

我司期望日后贵司及相关技术人员能一如既往地支持和指导该生产线的工作运行，并期待能与贵司有进一步的合作，实现共同提升！

此致

敬礼！

××公司

××××年×月×日

6.4

倡议书

夏天，天气非常炎热。每天中午，同事们在办公室吃完午饭后，整个办公室都弥漫着各种饭菜混合的气味，极其难闻，而且气味久久不能散去，对工作造成了一定的影响。

秋菊为此写了一封倡议书，发送到每位同事的邮箱，希望大家每天中午在就餐区域吃饭，不要在办公室吃午饭。收到倡议书之后，同事们积极响应，也不再在办公室吃饭了。

由此可见，倡议书能够充分调动企业员工的积极性，使员工共同遵守同一约定。

6.4.1　倡议书的特点和作用

企业倡议书是指在企业内部由某一部门或个人，就某事向企业内部其他部分员工或全部员工提出建议，希望大家共同去做某件事的公文。

|1| 倡议书的特点

倡议书作为一种带有倡导性质的公文，其特点如下。

（1）群体性

倡议书不是针对某个人的，而是面向广大群体的，群体性是倡议书的基本特性。

（2）不确定性

倡议书不具有强制性，只具有一定的建议性，只是提出建议，并不能强制要求他人按照建议执行，其他人可以响应，也可以不响应。

|2| 倡议书的作用

企业倡议书面向众多员工，对企业发展有着一定的推动作用，具体表现在以下三个方面。

（1）调动员工的积极性

倡议书能够用来调动员工的积极性，让大家心往一处想、劲往一处使。

（2）促使员工成长

倡议书能够很好地帮助员工规范行为、激发他们的斗志、提升他们的思想境界等。

（3）帮助员工接受新思想

倡议书是一种更为柔软的精神和情感倡导，能够让人们在轻松的氛围中接受宣传，给人的印象更为深刻。

6.4.2 倡议书的基础写作范式与格式

企业倡议书的基础写作范式与格式如下。

|1| 倡议书的基础写作范式

企业倡议书主要由标题、正文和落款三部分组成。

（1）标题

企业倡议书标题的写作方式主要有以下两种。

① 完全式标题

完全式标题的写作公式为"倡议内容 + 倡议书"，比如，《节约用水倡议书》。

② 省略式标题

通常情况下，倡议书直接以"倡议书"为标题，直接明了。

（2）正文

企业倡议书正文的内容一般分为主送单位、倡议缘由、倡议事项、发出号召四部分，如图 6-5 所示。

① 主送单位

倡议书通常没有具体的主送单位，可根据倡议对象选择主送单位，面向广大员工发出的倡议，通常主送单位为"全体同事们""广大同人们"等。

图6-5　企业倡议书正文的写作公式

② 倡议缘由

交代发出倡议的原因、目的，以及当时的各种背景事实，人们才会理解和信服，才会自觉地采取行动。

③ 倡议事项

写明倡议的具体内容和要求，例如怎样开展活动、具体如何操作等，倡议事项写得清晰明了，看到倡议书的人才知道如何配合。

④ 发出号召

表示倡议者的决心和希望或者写出某种建议。

（3）落款

企业倡议书落款为发起倡议的单位或个人，以及发起倡议的具体时间。

| 2 | 倡议书的基础格式范本

企业倡议书的基础格式范本如下。

（1）企业倡议书的基础格式范本

倡议书

主送单位：（标题下一行顶格）

　　倡议缘由＋倡议事项＋发出号召。（主送单位下一行空两格）

倡议者签名（右对齐）

2020年9月30日（右对齐，用阿拉伯数字）

（2）企业倡议书的格式说明

当倡议书内容较多时，可分条陈述。

6.4.3 倡议书的写作要点、模板与范例

企业倡议书的内容主要围绕企业内部相关事宜展开。

|1| 倡议书的写作要点

企业倡议书写作的要点在其内容上，主要有以下三点。

（1）倡议缘由有情有理

要想倡议书得到更多人的响应，首先在写明倡议缘由时就应当"有情有理"。"有情"是指倡议缘由要引发他人的情感共鸣，设置一定的场景，戳到大部分人的"痛点"；"有理"是指倡议缘由要有根据、有道理，以理服人。

（2）倡议事项简单明了

倡议事项无须反复强调，只需简单明了地说清楚即可。再三强调可能引起他人不满，直接点明、一次说清反而令人印象深刻。

（3）提出号召直截了当

倡议书的号召应该直截了当、干脆有力，不要拖泥带水。

|2| 倡议书的写作模板

表 6-6 所示为企业倡议书的写作模板。

表6-6 企业倡议书的写作模板

标题	倡议书
主送单位	××（倡议对象）
正文	目前，我发现公司内部存在××××的现象（指出问题），导致×××××××××（说明不良后果），为此，我发出如下倡议。 希望全体员工××××（提出倡议）。 谢谢大家！
落款	×× ××××年×月×日

|3| 倡议书的写作范例

节约用电倡议书

公司同人们：

大家好！

伴随着炎炎夏日的来临，又到了一年的用电高峰期。公司电力设备负荷过重、用电量增长过快，这已经成为公司亟待解决的问题。作为正处于起步阶段的创业型公司，电费支出过高给公司带来了不小的压力。

为了节约能源，确保正常供电、安全用电，在此向全体员工发出倡议：节约用电，时刻注意用电安全。

为此，我们认为全体员工都应该遵守以下准则。

一、在光线充足的时候，尽可能关闭照明电源或减少打开的灯具的数量。

二、在计算机、复印机或打印机等办公设备长时间不用的情况下，请尽可能关闭其电源。

三、办公人员离开办公室时，请随手关闭灯具、空调、办公设备等的电源，以免造成用电浪费。

勤俭节约是中华民族的传统美德，节约用电不仅能够帮助企业减少用电支出，还能够为地球减少一份消耗，希望同事们节约每一度电，珍惜每一度电。

××公司××部

××××年×月×日

6.5

邀请函

随着经济越来越发达，各企业间的往来也越发频繁。在邀请其他企业参加活动或者想要与其他企业进行商务合作时，一份正式的商务邀请函就显得格外重要。

2020年，我的团队成立两周年，举办了两周年庆典活动，想要邀请企业的合作伙伴参加。在筹备各项事宜之时，最重要的是要向各大供应商和客户拟发一份正式的邀请函，邀请他们前来参加庆典活动。团队成员经过一系列的商讨后将邀请函发出，庆典开始前，各大合作伙伴悉数到场，庆典最终圆满举行。邀请函具体内容如下。

邀请函

尊敬的合作伙伴：

　　您好！

　　为了庆祝我司成立两周年，特在××××酒店三号会议厅举办庆典活动。届时，将由我司邀请的专业表演团队表演节目，并举行两周年特别抽奖活动。

　　在我司成立的两年时间内，各位合作伙伴们倾力相助，十分感谢！我们诚挚地邀请贵公司员工前来参加，共襄盛举！

　　庆典于×月×日（周六）下午六点半正式开始！

　　期待您的光临！

　　此致

敬礼！

××××有限公司

××××年×月×日

6.5.1　邀请函的特点和作用

　　企业邀请函在商务往来中频繁使用。企业邀请函不同于广泛意义上的邀请函，它具备一般邀请函不具备的特点和作用。

|1| 邀请函的特点

　　作为企业间的一种特殊沟通方式，企业邀请函有以下三个特点。

　　（1）正式平等

　　企业邀请函要求严谨正式，用语得当，不受级别高低、单位大小的限制。无论自身企业大小，在向其他企业发送邀请函时，双方均以平等的身份进行联系。

（2）注重礼仪

函是公文中最注重使用文言同时也是最富有文学性的文种，企业邀请函也是如此。企业邀请函在对其他企业或个人发出邀请时使用，用语多使用谦敬语，注重谦恭有礼，以示尊重。

（3）书信格式

邀请函不如请柬用词严肃，又要求有较详尽的邀请内容，所以一般采用书信体格式，以便于受邀者更直观地了解具体的邀约内容。

｜2｜邀请函的作用

企业邀请函多在企业进行商务活动时使用，有以下几点意义。

（1）促进与各企业间的友好关系

企业因举办活动或商务邀请，向其他企业发送正式邀请函，要充分尊重对方，在达成自身目的的同时进一步促进与受邀企业的交流与合作，对双方友好关系的建立也起到非常关键的作用，有利于同各企业建立长期良性的合作关系。

（2）有利于提高企业的社会地位

企业邀请函不仅在企业与企业之间使用，有时也会在对政府或个人发送邀请时使用。向社会各界人士发送邀请，不仅有利于提升企业的社会知名度，同时也有利于企业树立良好的企业形象，进而提升企业的社会地位。

6.5.2 邀请函的基础写作范式与格式

企业邀请函的基础写作范式与格式如下。

｜1｜邀请函的基础写作范式

企业邀请函一般分为标题、正文、落款三个部分。

（1）标题

企业邀请函的标题主要有以下两种写法。

① 完全式标题

完全式标题的写作公式为"邀请单位 + 庆贺事项 + 邀请函"，比如，《××企业10周年庆典邀请函》。

② 省略式标题

邀请函也可以省略邀请单位和庆贺事项，直接以"邀请函"作为标题。

（2）正文

企业邀请函的正文部分主要分为主送单位、邀请缘由、具体事项、时间地点、问候五部分，如图6-6所示。

图6-6　企业邀请函正文的写作公式

由于邀请函一般采用书信格式，因此应在第二行顶格处写上受邀单位名称或受邀个人的姓名，受邀人为个人时要注明对方头衔、职务或职称等，亦可使用"先生""女士"等称谓。

主送单位下方的内容是邀请函的重要部分，应向受邀者说明邀请缘由、目的、事项、要求以及时间地点等详尽的信息，所有信息务必周详，以确保受邀者能够有所准备，也可让企业本身减少很多不必要的麻烦。

企业邀请函在一定程度上代表了企业的形象，写作时要注意用词得当，体现对受邀者的尊敬。因此，在结尾处一般要写上常用的邀请惯用语，如"期待光临""敬请参加"等，也可以用"此致""敬礼"等敬语。最后也可附上简单的问候或祝福。

（3）落款

落款是任何信件都必须有的内容，应注明邀请单位的名称和日期，必要时可加盖公章，以表重视。

｜2｜邀请函的格式范本

企业邀请函要求整体简单大方，在写作时有其特定的格式。

邀请函（二号黑体加粗，居中）

被邀请人：（顶格）

　　邀请目的、具体事项以及时间地点等。

　　对受邀者加以问候。

　　此致

敬礼！

邀请人
××××年×月×日

6.5.3　邀请函的写作要点、模板与范例

　　企业邀请函作为企业发送出去的正式文件，代表企业的形象，写作时需细心谨慎。

|1|邀请函的写作要点

　　形式上，企业邀请函需美观大方，不得用普通的信函纸敷衍了事，应使用特制的纸张。

　　内容上，邀请函正文往往会对活动的目的、事项以及意义等内容做详尽介绍，以此吸引受邀者或社会的关注，提升对方参与的兴趣。

　　细节上，邀请函在正式发出之前，必须要对其中涉及的时间、地点、要求以及相关注意事项等信息进行反复核对，以免出错，造成不必要的损失。

　　行文上，邀请函整体行文应当注意语气，突出邀请诚意，让对方感受到重视。

|2|邀请函的写作模板

　　表6-7所示为企业邀请函的写作模板。

表 6-7 企业邀请函的写作模板

标题	邀请函
主送单位	无
正文	尊敬的××（先生/女士）： 您好！ 　　我司诚挚邀请您参加××××（活动时间）在××××（活动地点）举办的××××（活动名称）活动。本次活动需要××××（活动注意事项）。 　　期待您的光临！ 　　此致 敬礼！
落款	××××有限公司 ××××年×月×日

3 邀请函的写作范例

邀请函

尊敬的×××经理：

　　您好！

　　为庆贺我司成立 10 周年，特在 ×××× 酒店十六楼宴会厅举办庆典活动。我们诚挚地邀请您和贵司项目组员工（可携家眷）前来参加！庆典于 × 月 × 日（周六）下午六点半正式开始！

　　期待您的光临！

　　此致

敬礼！

×××× 有限公司

×××× 年 × 月 × 日

6.6

讣告

　　人的生老病死无法避免，企业中也可能出现员工离世这种令人悲痛之事。我在华为工作期间，有一位对我们部门做出过突出贡献的老员工因病离世。领导要求我写一篇讣告，告诉其他同事参加遗体告别仪式的时间和地点。

为了表达悲痛之情，我用了大量篇幅述说自己的惋惜，却没有说明遗体告别仪式的具体要求。领导看到后告诉我，说你写的不是讣告，是悼词。那讣告该如何才能写好？

6.6.1 讣告的特点

讣告是报丧的公文，企业内部员工或对企业做出过突出贡献的退休员工离世后，企业应当发布讣告，告知前往吊丧的员工丧礼的相关信息。

讣告主要具有公开性、知照性和悲痛性。

|1|公开性

讣告用来宣布某人去世的消息，具有公开性。

|2|知照性

讣告需要告知其他人丧礼的具体信息，具有知照性。

|3|悲痛性

讣告在措辞上要使用"不幸"等表达悲痛的词语，具有悲痛性。

6.6.2 讣告的基础写作范式与格式

企业讣告的基础写作范式与格式如下。

|1|讣告的基础写作范式

企业讣告主要由标题、正文和落款三部分组成。

（1）标题

企业讣告标题的写作方式主要有以下两种。

① 完全式标题

完全式标题的写作公式为"逝者姓名＋讣告"，比如，《×××讣告》。

② 省略式标题

通常情况下，讣告直接以"讣告"为标题，直接明了。

（2）正文

企业讣告正文的内容一般分为逝者信息、追悼会信息两部分。

图 6-7 所示为企业讣告正文的写作公式。

图 6-7　企业讣告正文的写作公式

① 逝者信息

说明逝者的姓名、身份、职务、去世的原因、日期、地点及终年岁数等信息，也可以详细介绍逝者生平事迹。

② 追悼会信息

详细说明举行追悼会或向遗体告别的时间、地点和其他要求等信息。

（3）落款

企业讣告的落款为发讣告的单位或个人的名称，以及讣告发布的时间。

|2| 讣告的基础格式范本

企业讣告的基础格式范本如下。

（1）企业讣告的格式范本

讣　　告

逝者信息＋追悼会信息。

讣告发布者（右对齐）

2020 年 9 月 30 日（右对齐，用阿拉伯数字）

（2）企业讣告的格式说明

企业员工逝世后，通常企业内部会成立治丧委员会，讣告的落款通常为"××公司治丧委员会"。

6.6.3 讣告的写作要点、模板与范例

企业讣告是企业公文写作中比较简单的一种，在写作时不需太多文采。

|1| 讣告的写作要点

企业讣告除了说明逝者信息和追悼会信息外，在介绍逝者生平事迹时，可分为详细和简单两种写法。

（1）详细性写法

详细性讣告需要介绍逝者生平的事迹，对于企业讣告来说，无须将逝者生平所有事迹都写出来，只需着重写出逝者生前对企业的突出贡献及逝者身上体现的思想境界和精神风貌。

（2）简单性写法

简单性企业讣告通常不需要详细介绍逝者生平事迹，只需用一两句话带出逝者在企业内部曾有何种贡献即可。

|2| 讣告的写作模板

表 6-8 所示为企业讣告的写作模板。

表 6-8　企业讣告的写作模板

标题	讣告
主送单位	无
正文	我公司××员工因××（死因），不幸于××××年×月×日（死亡时间）于××地点（死亡地点）逝世，享年××岁。 　　兹定于××××年×月×日（追悼会时间）在××地点（追悼会地点）举行追悼会（或遗体告别仪式或丧礼）。 　　谨此讣告。
落款	××公司治丧委员会 ××××年×月×日

| 3 | 讣告的写作范例

讣 告

我公司总经理××同志因患胃癌，医治无效，不幸于2020年12月2日晚上9时34分病逝于北京××医院，享年65岁。

兹定于12月4日下午2时在×××公墓××号殡仪室举行遗体告别仪式。

谨此讣告。

××公司治丧委员会

××××年×月×日

6.7

悼词

世事无常，工作时间长了，我们难免会遭受同事不幸去世的痛苦。我在华为工作时，就有一位同事因突发性疾病离世，领导要求我代表部门为该同事写一篇悼词，用来在追悼会上深切缅怀这位同事。

在悼词中，我讲述了与这位同事相处的点点滴滴，深切地表达了其他同事对该同事的不舍与惋惜，在场的同事听到这篇悼词，都感触极深。

6.7.1 悼词的特点及作用

与一般演说不同，悼词向逝者表示哀悼、缅怀与敬意，只在追悼会上使用。

| 1 | 悼词的特点

悼词作为一种极其特殊的文体，有以下三个特点。

（1）点明悼念对象

悼词最重要的目的就是缅怀逝者，对其生前身份、经历、逝世时间及缘由、终年岁数等进行介绍，着重介绍逝者生平事迹，突出其对企业和社会做出的贡献，并对其进行适当的评价。

（2）基调昂扬向上

悼词不同于古代哀悼文，不是一味宣泄悲痛的情绪，其基调应该是昂扬向上的。在对逝者表示哀悼的同时，勉励生者"化悲痛为力量"，更好地做好本职工作，来表达对逝者的怀念。

（3）表现形式多样

悼词没有固定的格式，也没有特定的表现形式。悼词可以是记叙文、散文甚至是议论文。重点在于抒发哀痛与表达缅怀之情，表达对逝者的追悼与敬意。

｜2｜悼词的作用

企业悼词主要有缅怀逝者和激励生者两方面的作用。

（1）缅怀逝者

悼词旨在对逝者的生平进行总结，在逝者离世、众人沉浸在悲痛之时有非常重要的意义，用来回顾逝者生前的种种经历以及对企业做出的贡献，能更好地保留逝者的良好形象。

（2）激励生者

斯人已去，逝者如斯。一份好的悼词，能使众人在深切悼念逝去的同事之时，将悲痛转化为力量，在面对工作或生活时积极向上。

6.7.2 悼词的基础写作范式与格式

企业悼词虽没有特定的表达方式，但有一定的写作范式与格式。

｜1｜企业悼词的写作范式

企业悼词主要由标题、正文、落款三个部分组成。

（1）标题

企业悼词标题有两种写作方式。

① 完全式标题

完全式标题可写作"逝者姓名＋悼词"，如《×××悼词》，也可适当加入一些修饰词，如《深切缅怀×××同志》。

② 省略式标题

省略式标题通常直接写"悼词"即可。

（2）正文

企业悼词的正文由表达情感、缅怀逝者、激励生者三部分组成。

① 表达情感

缅怀逝去的同事，除了介绍逝者生前的一些简历，也应当表明自身的身份以及参加追悼会的目的，在表达惋惜的同时，对逝者在企业工作期间所做的工作进行简单介绍，并重点介绍该同事在企业期间对企业做出的贡献。

② 缅怀逝者

承前启后，对逝者的思想、精神以及品格等加以简单评价，对逝者生前对其他人、企业以及社会产生的积极影响做强调和总结，进一步表达对逝者的缅怀与敬意。

③ 激励生者

主要写明对逝者的悼念以及生者该如何向死者学习，将其未完成的事业完成，以实际行动告慰逝者，完成逝者的遗愿，为企业、社会做出更大的贡献。

（3）落款

由于一般悼词在开头处就已经进行了简单的自我介绍，因此悼词最后的落款只需写明日期即可。

｜2｜悼词的基础格式范本

悼　词

表达情感＋缅怀逝者＋激励生者。

2020年9月30日（右对齐，用阿拉伯数字）

6.7.3 悼词的写作要点、模板与范例

企业悼词行文应简单朴素，无须过多修饰。

|1| 悼词的写作要点

企业悼词的写作应注意以下两点。

内容上，企业悼词在介绍逝者的生平事迹、歌颂其生前的优良品德或赞扬其工作作风时，不得夸大事实，在对逝者加以评价时，也理应实事求是，不得歪曲捏造。

语言上，企业悼词只在追思缅怀时使用，语言应当尽量真实朴素，而且整体风格要严肃，需要写作人员认真对待。

|2| 悼词的写作模板

表 6-9 所示为企业悼词的写作模板。

表 6-9　企业悼词的写作模板

标题	悼词
主送单位	无
正文	我们深切缅怀我公司员工×××同志。×××同志于××××年×月×日（死亡时间）因×××（死亡原因）不幸逝世，对此我们深表惋惜。 ×××同志在我公司工作期间，××××（列举生平事迹），对我公司××××的发展做出了××××贡献（对逝者进行简单评价）。 缅怀逝者，是为了更好地面对未来。我们更应该××××（激励生者）。 谨以此文表达深切的缅怀！
落款	××××年×月×日

|3| 悼词的写作范例

悼　词

　　怀着无比沉痛的心情，我们在此真切缅怀我公司 ××× 部门员工 ××× 同志。××× 同志于 ×××× 年 × 月 × 日因心脏骤停，送医抢救无效死亡，享年 ×× 岁。对此我谨代表公司全体员工对 ×

××同志表示沉痛哀悼！

　　×××同志在我公司工作期间勤勤恳恳，认真负责，面对工作一丝不苟，对公司××××的发展做出了巨大的贡献！

　　逝者已逝，在面对未来的艰难险阻时，公司员工应该学习该同志认真的品格和优良的工作作风，努力完成其未完成的事业！

　　谨以此文表达深切的缅怀！

××××年×月×日

第 7 章

企业日常规章制度类公文的写作方法与范例

企业日常规章制度类公文是指企业为了进行日常管理而制定的各种规则、章程和制度。这些规章制度是企业日常管理的依据，在写作上需要严谨、规范。企业常见的日常规章制度类公文包括会议管理制度、考勤管理制度、财务费用报销制度、绩效考核管理制度和薪酬福利管理制度等。

7.1

会议管理制度

很多中小企业都未设置会议管理制度。我在创业初期也是如此。因为公司人员较少，有事可以直接沟通，会议用时通常较短，就没有特意制定会议管理制度。但时间一长，我发现由于在开会时没有相关制度的约束，员工常常出现迟到、会前没有充分准备发言内容，甚至在会上玩手机等情况。

为此，我开始重视企业会议管理制度的制定，对会议有关要求进行了系统性说明，并要求员工严格按照会议制度执行。之后，会议状况大大好转，效率也有提高。

7.1.1 会议管理制度的特点

企业会议管理制度是企业用来对各种工作会议进行统筹安排，保证会议高效进行并取得良好效果，并且有效控制会议成本的制度性公文。

通常情况下，很多企业每周、每月、每年都要召开例会，有的企业甚至每天都要开会。对频繁的会议进行常态化管理，使会议召开更加有序、高效，几乎全部依赖于会议管理制度的确立和执行。

企业会议管理制度具有特殊性、全面性和规范性。

| 1 | 特殊性

每家企业召开会议的时间、频率、地点等不尽相同，对员工的参会要求也不尽相同，因此在制定企业会议管理制度时也具有企业的特殊性。

| 2 | 全面性

企业会议管理制度要全面，缺少某些内容可能会使得员工对会议有不同的理解。

│3│ 规范性

企业会议管理制度制定后，需要员工共同遵守，具有很强的规范性。

7.1.2 会议管理制度的基础写作范式及格式

企业会议管理制度是面向所有员工的，是对会议相关要求的整合。

│1│会议管理制度的基础写作范式

企业会议管理制度的结构一般包括标题和正文两部分。

（1）标题

企业会议管理制度标题的写作方式主要有以下两种。

① 完全式标题

完全式标题通常由 "企业全称＋会议管理制度" 构成，比如，《××公司会议管理制度》。

② 省略式标题

会议管理制度在公司内部发布时，可以省略公司名称，以 "会议管理制度" 作为标题。

（2）正文

企业会议管理制度的正文一般分为会议类型、会议基础信息和会议要求三部分，如图 7-1 所示。

图 7-1　企业会议管理制度正文的组成部分

① 会议类型

企业中的会议类型有很多，分别列出这些会议。

② 会议基础信息

指不同类型会议的会议时间、地点、负责人、会议主题、参加人员等基本信息。

③ 会议要求

关于会议举行、参会人员等的具体要求。

|2| 会议管理制度的基础格式范本

企业会议管理制度的基础格式范本与说明如下。

（1）企业会议管理制度的格式范本

××公司会议管理制度

会议类型＋会议基础信息＋会议要求。

（2）企业会议管理制度的格式说明

企业会议管理制度通常内容较多，需要分别说明，表达需清晰明确。

7.1.3　会议管理制度的写作要点、模板和范例

企业会议管理制度的制定因企业而异，但需要阐明的部分大体相同。

|1| 会议管理制度的写作要点

企业会议管理制度在写作时要具体、详细、全面。涉及会议的相关内容都要进行明确规定，以确保员工有规定可以遵守。在语言表达上要规范、严谨，以免产生制度漏洞。

|2| 会议管理制度的写作模板

表 7-1 所示为企业会议管理制度的写作模板。

表 7-1　企业会议管理制度的写作模板

标题	××公司会议管理制度
主送单位	无
正文	为了进一步规范公司会议管理××××××（目的），特制定本制度。 一、公司各类各级会议 （一）公司例行会议 1. ×××例会

标题	××公司会议管理制度
正文	时间：×××。 主持：×××。 地点：×××。 会议议题：×××。 参加人员：×××。 2. 销售例会 ………… （二）公司临时性会议 1. ×××会议 ………… 二、会议要求 1. 做好会议记录 ………… 2. 保证会议质量 ………… 三、会议准备 ………… 四、会议费用管理 ………… 五、附则 1. 本制度解释权归于公司人事行政部。 2. ………… …………
落款	××××公司人事行政部 ××××年×月×日

|3| 会议管理制度的写作范例

××××公司会议制度

　　为使公司工作正常运转，做到上传下达、有效沟通，按计划、有步骤地开展公司经营活动，特制定本会议制度。公司会议主要包含目标会、总结会、月会和管理者会议四类会议。

　　一、目标会

　　（一）目标会实行轮流主持制度，所有人员按入职日期进行排序。目标会于每周一 17:00 召开，会议流程包含图书分享、制定本周工作目标以及选题论证三项内容。

（二）图书分享须为阅读某一本书的心得体会及优美的文字片段，不能是分享某一知识点或公众号文章的内容。

（三）选题表应于每周一上午 9:00 发送至总编助理处。

（四）会议期间由总编助理记录会议内容，整理会议要点并存档。

二、总结会

（一）总结会于每周五 17:00 召开，其主持人与目标会主持人为同一人，会议流程为工作总结和复盘两项内容。

（二）复盘由编辑部和综合管理部进行。综合管理部每周需有两人复盘，编辑部每周由二组和三组成员轮流复盘。

三、月会

月会于每月初或月底与目标会同时召开，由×××、×××、×××、×××四位管理者轮流主持，主要包含部门工作总结、部门工作成果、个人和部门负责人的总结与反馈、存在的问题、解决方法、月工作计划和周工作计划七项会议流程。会议期间由总编助理记录会议内容，整理会议要点并存档。

四、管理者会议

管理者会议于每周一上午 10:30 在总经理办公室召开，由×××、×××、×××、×××四位管理者轮流主持，会议期间由行政部负责做好会议记录，整理会议要点并存档。

五、会议要求

（一）涉及周会的相关内容，请主持人在会前自行准备好相关资料。分享的读书心得内容应制作 PPT。

（二）会前应将手机调至振动模式或关机，做好开会准备。会议期间严禁玩手机，除特殊原因外不得随意走动或接打电话。

（三）会议严格按照规定时间开始，无特殊情况请勿迟到早退。

（四）会议纪要内容确认无误后，文档原件应加盖公章并张贴在走廊白板架上，并将复印件抄送给四位管理者。周、月会会议纪要原档由总编助理保管并存档，管理者会议纪要由行政部保管并存档。

（五）有关公司的重大问题，总经理可以随时召开会议进行沟通讨论。

××××公司人事行政部

××××年×月×日

7.2

考勤管理制度

此前由于行业特殊性，我制定的企业考勤管理制度是弹性的，员工只要工时达标即可，没有强制要求员工必须几点上班、几点下班。虽然这种制度受到了员工的欢迎，但事实证明，这种考勤管理制度对我的企业是弊大于利的。

很多时候，我发现员工迟迟不来公司上班，来了之后也迟迟不能进入工作状态，工作态度也因此非常散漫。如此一来，员工上班变成了"混"工时。后来，在多数员工都迟迟不来上班的情况下，我废止了弹性考勤制度，要求员工每日按时上下班。

7.2.1 考勤管理制度的特点

企业考勤管理制度是约束员工行为，体现企业管理方针的重要制度，与员工的日常工作息息相关，需要员工严格遵守。

企业考勤管理制度具有合法性、灵活性和强制性三大特点。

|1|合法性

企业考勤管理制度需要按照国家相关法律法规制定，企业不能因为利益损害员工的基本权益。

|2| 灵活性

企业考勤管理制度可根据企业情况拟定，具有企业自身特色，比如有的企业要求员工早上 9 点上班，有的企业要求员工早上 10 点上班，还有的企业或某些岗位实行弹性上班。

|3| 强制性

企业考勤管理制度一旦发布，要求全体员工贯彻执行，具有强制性，员工如果违反相应制度，将会受到相应惩罚。

7.2.2 考勤管理制度的基础写作范式及格式

企业考勤管理制度是面向所有员工的，具有普遍约束力。

|1| 考勤管理制度的基础写作范式

企业考勤管理制度的结构一般包括标题和正文两部分。

（1）标题

企业考勤管理制度标题的写作方式主要有以下两种。

① 完全式标题

完全式标题通常由"企业全称 + 考勤管理制度"构成，比如，《××公司考勤管理制度》。

② 省略式标题

考勤管理制度在公司内部实行时，可以省略公司名称，以"考勤管理制度"作为标题。

（2）正文

企业考勤管理制度正文的内容一般分为发文目的、各项制度、考勤要求、附则四部分，如图 7-2 所示。

图 7-2　企业考勤管理制度正文的组成部分

① 发文目的

交代制定本制度的依据、目的和意义等。例如"为加强考勤管理，维护工作秩序，提高工作效率，特制定本制度"。

② 各项制度

考勤管理制度中的各项制度，包括作息时间制度、节假日制度、考勤办法、请假制度、加班制度、奖惩制度等。需要详细说明各项制度如何实施。

③ 考勤要求

对各项制度中的具体要求进行补充说明。

④ 附则

对制度的解释权归属认定、制度的生效时间说明等。

|2| 考勤管理制度的基础格式范本

（1）企业考勤管理制度的格式范本

××公司考勤管理制度

发文目的＋各项制度＋考勤要求＋附则。

（2）企业考勤管理制度的格式说明

企业考勤管理制度通常内容较多，需要分条说明，表达需清晰明确。

7.2.3 考勤管理制度的写作要点、模板和范例

企业考勤管理制度的写作要点、模板和范例如下。

|1| 考勤管理制度的写作要点

企业考勤管理制度是企业管理方式的集中体现，对企业内所有成员都具有约束性。在拟定企业考勤管理制度时，需要注意以下两点。

（1）语言方面

考勤管理制度写作用语应该严谨、客观，语言表述要郑重、正式，避免口语化，要保证企业考勤管理制度的权威性。

（2）内容方面

在拟定考勤管理制度时，要综合考虑企业的实际情况，不能制定不可执行的制度；更要合理、周到，不能引起多数人的不满或抵制；也要全面、妥帖，以免内容出现歧义或漏洞。

| 2 | 考勤管理制度的写作模板

表 7-2 所示为企业考勤管理制度的写作模板。

表 7-2　企业考勤管理制度的写作模板

标题	××公司考勤管理制度
主送单位	无
正文	为了进一步规范公司考勤管理××××××（目的），特制定本制度。 一、作息时间制度 ………… 二、节假日制度 ………… 三、考勤办法 ………… 四、请假制度 ………… 五、加班制度 ………… 六、奖惩制度 ………… 七、附则 …………
落款	××××公司人事行政部 ××××年×月×日

| 3 | 考勤管理制度的写作范例

××公司考勤管理制度

为了保障公司日常运营，加强员工考勤管理，特制定本考勤制度。

一、作息时间

（一）公司实行做五休二制，每周六、周日为休息日。

（二）公司工作时间分为夏季作息时间和冬季作息时间，其中夏季指5月1日—10月31日，冬季指11月1日—次年4月30日，具体如下。

冬季作息时间：上午8:30—12:00，下午13:30—17:30。

夏季作息时间：上午8:30—12:00，下午14:00—18:00。

因其他特殊原因需要调整时则另行通知。

二、考勤记录

（一）公司考勤记录实行钉钉考勤机指纹打卡形式，员工上、下班时间需在钉钉考勤机上指纹打卡。

（二）非特殊情况不得外勤打卡或蓝牙打卡，若确需外勤打卡或蓝牙打卡则需提前向人事部报备，以确保考勤真实有效。

三、迟到（早退）

（一）公司所有在职员工应按时上下班，每天应真实、准确地在钉钉考勤机上进行指纹打卡，记录自己的到岗情况，行政部负责监督。

（二）无故迟到10~30分钟，扣除1小时工资；迟到30分钟~1小时，扣除2小时工资；迟到1小时以上，扣除半天工资。

（三）无故早退10~30分钟，扣除1小时工资；早退30分钟~1小时，扣除2小时工资；早退1小时以上，扣除半天工资。

（四）一个月内迟到及早退合计超过三次（含三次）者不予发放全勤奖。

（五）一个月内迟到及早退合计超过三次（含三次）者，每三次视为旷工一天。

四、加班

因工作需要或特殊安排，须晚间或休息日加班者，应事先呈报行政部做好考勤记录。

五、请假

员工确因事或因病请假时须提前填写请假单，并当面交各部门负责人批复，待相关负责人同意后方可请假。特殊情况不能当面请假的，应在公司微信群@所在部门负责人与行政部负责人，并说明请假缘由，请假期满报到后须及时补写《请假条》，由部门负责人签字后交行政部存档。

（一）事假

每月请假不得超过三天，超过此天数者原则上不予批准，具体视特殊情况而定。

二次请假超过 10 天（含）者，须办理停薪留职手续。

事假为无薪给假，以天数为计算单位。

（二）病假

请病假经领导签字，全年累积不得超过十天。

病假连续两天以上（含）请附医师诊断证明。

病假为无薪给假，以天数为计算单位。

六、旷工

员工有下列事情之一者，视为旷工，旷工一律扣薪三天以示惩戒，凡一个月内旷职累计达三天者，予以辞退。

（一）未经准假而擅离职守或缺席者。

（二）无故迟到或早退 1 小时以上满三次者。

（三）凡未事先请假，而逾期未补办请假手续者。

7.3

财务费用报销制度

相信很多企业财务工作人员都有这样一种烦恼：每到报销日期，总有人来问"报销单该如何填写""报销材料需要哪些""没有发票能不能报销"等一系列问题。财务工作人员回答一次两次尚可，但问的人多了，难免会失去耐心，甚至有很多人上个月刚刚报销过，这个月依然不记得报销流程。

因此，将企业财务费用报销流程和所需材料整理成相应制度，张贴或发布出来，使每个员工都能了解，能够规范企业的财务管理，大大减少财务工作人员的工作量，也能使员工全面、清晰地了解报销相关事项，节省员工花费在报销上的时间。

7.3.1　财务费用报销制度的特点及作用

为强化企业财务管理，加强员工的规范意识，各企业通常都会制定财务费用报销制度。

| 1 | 财务报销制度的特点

企业财务费用报销制度作为企业费用报销和财务管理的重要依据，有以下特点。

（1）规范性

各家企业的财务费用报销制度在通常情况下都相差无几，因为企业的报销要求通常都是一致的，是根据相关财税法律政策制定的，具有很强的规范性。

（2）客观性

企业财务费用报销制度不以个人的意志为转移，不能因为一些个别现象而改变，因此具有客观性。

（3）强制性

企业财务费用报销制度一经确立，就需要企业员工严格遵守，具有不可撼动的强制性。

| 2 | 财务费用报销制度的作用

很多企业并没有设置专门的企业财务费用报销制度，员工进行财务费用报销只依据口头上的规则。这样做的后果就是企业员工在报销时，没有全面、完整的依据可以参考，员工很难迅速做完报销事宜；企业财务人员可能无法收到规范、统一的报销单据，工作效率降低。

因此，企业财务费用报销制度的建立，具有以下三大作用。

（1）有利于企业财务管理工作的规范；

（2）有利于统一各部门员工的报销程序；

（3）有利于提高企业财务人员的财务管理水平。

7.3.2　财务费用报销制度的基础写作范式及格式

企业财务费用报销制度是面向所有员工的，具有普遍约束力。

|1| 财务费用报销制度的基础写作范式

企业财务费用报销制度的结构一般包括标题和正文两部分。

（1）标题

企业财务费用报销制度的标题写作方式主要有以下两种。

① 完全式标题

完全式标题通常由"企业全称＋财务费用报销制度"构成，比如，《××公司财务费用报销制度》。

② 省略式标题

财务费用报销制度在公司内部实行时，可以省略公司名称，以"财务费用报销制度"作为标题。

（2）正文

企业财务费用报销制度正文的内容一般分为发文目的、报销流程、报销要求、附则四部分，如图7-3所示。

图7-3　企业财务费用报销制度正文的组成部分

① 发文目的

交代制定本制度的依据、目的和意义等。例如，"为加强财务报销管理，提高报销效率，规范报销行为，特制定本制度"。

② 报销流程

详细说明报销流程以及报销所需材料。

③ 报销要求

指出可以报销的各种情况。

④ 附则

对制度的解释权归属认定、制度的生效时间等。

|2|财务费用报销制度的基础格式范本

（1）企业财务费用报销制度的格式范本

××公司财务费用报销制度

发文目的＋报销流程＋报销要求＋附则。

（2）企业财务费用报销制度的格式说明

企业财务费用报销制度内容通常较多，需要分条说明，表达需清晰明确。

7.3.3　财务费用报销制度的写作要点、模板和范例

企业财务费用报销制度的写作要点、模板和范例如下。

|1|财务费用报销制度的写作要点

企业财务费用报销制度与员工的切身利益息息相关，涉及金钱、财产问题，需要慎重对待，秉承公平、公正、客观的原则，不能弄虚作假。

|2|财务费用报销制度的写作模板

表 7-3 所示为企业财务费用报销制度的写作模板。

表 7-3　企业财务费用报销制度的写作模板

标题	××公司财务费用报销制度
主送单位	无
正文	为了进一步规范公司财务费用报销管理××××××（目的），特制定本制度。

标题	××公司财务费用报销制度
正文	一、报销流程 1. ⋯⋯⋯⋯ 2. ⋯⋯⋯⋯ 二、报销要求 1. ⋯⋯⋯⋯ 2. ⋯⋯⋯⋯ 三、附则 1. ⋯⋯⋯⋯ 2. ⋯⋯⋯⋯
落款	××××公司财务部 ××××年×月×日

│3│ 员工财务费用报销制度的写作范例

××公司财务费用报销制度

为了加强公司财务管理工作，降本增效，规范财务流程，特制定本制度。

一、报销流程

（一）公司所有财务支出待财务人员审核后，报由财务主管和总经理审核、批准。

（二）一般情况下大额款项应安排对公账户转账，需提前填写费用报销单，待批准后方可进行打款。

（三）公司的差旅费报销需由总经理批准。

二、报销要求

（一）发票必须合法、真实、有效，增值税普通发票（含电子和纸质）应在"购买方纳税识别号"栏填写单位开票信息（开票信息可咨询财务部）。

（二）发票不得涂改、挖补、大小写金额必须相符，字迹清楚。发现发票有误，应退回重开。

（三）报销时应将发票分类、整齐地粘贴在报销单上，防止原始凭证在传递过程中丢失。

三、报销时间

（一）公司办公用品及后勤日常开支报销，统一按报销流程（准备电子或纸质发票，填写费用报销单）于每周五前提交财务部进行报销项目与票据的审核，待会计主管与总经理审核批准后再进行报销款项的支付。

（二）非特殊情况，所有报销不跨月，需要报销的人员应严格遵守公司报销制度。

四、工资发放时间

财务人员每月 15 号负责发放上月工资，如遇节假日或休息日，顺延到下一个工作日支付，每月工资以转账方式打入员工招商银行工资卡内。

本制度解释权归 ×× 公司所有。

7.4

员工绩效考核管理制度

在企业尤其是销售型企业中，员工的绩效考核制度是决定员工薪资待遇水平、晋升资格等事宜的重要标准。有些企业不设置绩效考核管理制度，对绩效既没有激励，也没有惩罚，员工就会持一种得过且过的工作态度，在工作上难以取得成绩。

于我个人而言，如果企业设定了一定的绩效考核目标，达到后我将获得一笔丰厚的奖金，没有达到将扣除一部分工资，那么我将充满动力和奋斗的激情，努力达到绩效考核目标，争取获得更多的奖金。几乎所有的企业员工都有这种想法，因此制定企业员工绩效考核管理制度是非常有必要的。

7.4.1　员工绩效考核管理制度的特点

企业员工绩效考核管理是指收集、分析员工在其工作岗位上的工作表现和工作效果方面的信息的过程。绩效考核管理制度是进行员工绩效考核管理的依据。

企业员工绩效考核管理制度具有激励性、特殊性和强制性。

|1|激励性

制定员工绩效考核管理制度的目的就是为了促使员工积极工作，实现更优秀的业绩，具有一定的激励性，能够激励员工争取高绩效。

|2|特殊性

每家企业的情况不同，在制定员工绩效考核管理制度时，要依据企业的真实情况进行，要符合企业的发展规律。

|3|强制性

绩效考核管理制度一经发布，员工就需要按照该制度执行，如果没有达到绩效标准将面临惩罚。

7.4.2　员工绩效考核管理制度的基础写作范式及格式

企业员工绩效考核管理制度是面向所有员工的，具有普遍约束力。

|1|员工绩效考核管理制度的基础写作范式

企业员工绩效考核管理制度的结构一般包括标题和正文两部分。

（1）标题

企业员工绩效考核管理制度的标题主要有以下两种写作方式。

① 完全式标题

完全式标题通常由"企业全称＋员工绩效考核管理制度"构成，比如，《××公司员工绩效考核管理制度》。

② 省略式标题

员工绩效考核管理制度在公司内部实行时，可以省略公司名称，以"员工绩效考核管理制度"作为标题。

（2）正文

企业员工绩效考核管理制度正文的内容一般分为考核目的、考核对象、考核形式、考核时间、考核结果、附则等六部分，如图7-4所示。

图7-4　企业员工绩效考核管理制度正文的组成部分

① 考核目的

交代制定考核制度的依据、目的和意义等，例如，"为激励员工成长，促进员工提升业绩，特制定本制度"。

② 考核对象

参与绩效考核的对象。

③ 考核形式

具体考核方法、考核依据，如何执行考核等。

④ 考核时间

进行考核的时间、考核周期等。

⑤ 考核结果

如何评判考核结果，以及根据考核结果实施奖惩。

⑥ 附则

对绩效考核管理制度的解释权归属认定、制度的生效时间等。

| 2 | 员工绩效考核管理制度的基础格式范本

（1）企业员工绩效考核管理制度格式范本

××公司员工绩效考核管理制度

考核目的＋考核对象＋考核形式＋考核时间＋考核结果＋附则。

（2）企业员工绩效考核管理制度的格式说明

企业员工绩效考核制度需要分条详细说明情况。

7.4.3 员工绩效考核管理制度的写作要点、模板和范例

企业员工绩效考核管理制度的写作要点、模板和范例如下。

|1| 员工绩效考核管理制度的写作要点

企业员工绩效考核管理制度需要阐述考核内容和方法的要义，对于专业性强的考核术语要给出通俗的解释。要全面地考虑到得出考核结果后的不同情况，给出应对这些情况的措施。

要说明考核结果的应用及效力，考核结果应当与晋升、薪酬等挂钩，不然就不能起到激励员工的作用。

|2| 员工绩效考核管理制度的写作模板

表 7-4 所示为企业员工绩效考核管理制度的写作模板。

表 7-4　企业员工绩效考核管理制度的写作模板

标题	×× 公司员工绩效考核管理制度
主送单位　无	
正文	为了进一步激励员工成长××××××（目的），特制定本制度。 一、考核对象 1. ……… 2. ……… 二、考核形式 1. ……… 2. ……… 三、考核时间 1. ……… 2. ……… 四、考核结果 1. ……… 2. ……… 五、附则 …………

标题	××公司员工绩效考核管理制度
落款	××××公司 ××××年×月×日

|3| 员工绩效管理制度的写作范例

××××公司员工绩效考核管理制度

为规范公司对员工的考核与评价，充分发掘员工潜力，促进员工的职业生涯发展，特制定本制度。

一、绩效考核种类与范围

（一）公司考核制度分为绩效考核与价值观考核。

（二）绩效考核包含目标设定、阶段回顾、绩效评价、绩效面谈、绩效改进。

（三）价值观考核包含激情、执行力、责任心、按时按质按量工作等方面。

二、绩效考核的目的

（一）为员工绩效奖金的核发提供凭证。

（二）为员工的晋升和提薪提供依据。

三、绩效考核周期

（一）考核周期以月为单位，实行每周累积制度。

（二）公司实行日报管理制度，每位员工应将自己每天的工作内容认真、如实地填写到日报本上，并在每周一上午 9:00 前交予行政部，由行政部交给各部门负责人审阅签字。

（三）月底，各部门负责人将对所有在职员工的日报本进行统一审阅、考核。

四、绩效考核人员

（一）图书编辑考核人员：一审编辑 / 主管

（二）一审编辑考核人员：主编

（三）主编考核人员：总编

五、绩效考核内容

（一）每日工作量、稿件质量和工作效率。

（二）专业技能。

（三）责任感、进取心和团队合作精神等。

（四）价值观

六、绩效考核标准

绩效考核以稿件修改率和工作量为标准。

（一）稿件修改率评判标准

考核等级	优	良	不合格
稿件修改率	≤5%	≤10%	≥30%

（二）稿件完成率评价标准

考核等级	留用	观察	淘汰
完成时间	1个月	2个月	3个月
稿件完成率	全部完成	≤2/3	≤1/3
绩效奖金	发放绩效	绩效减半	绩效为0

七、绩效考核评估与奖金

根据上述第六条绩效考核内容与结果发放绩效奖金。稿件质量未达标者，当月绩效为0，工资酌情发放；经反复修改稿件质量合格但拖稿严重者，绩效减半发放；反复修改稿件质量后依旧未合格者，公司有权做劝退处理，具体见考核表。

八、罚款制度

因个人原因导致书稿延期、不能按时交稿者，或书稿质量出现严重问题者，公司有权对撰稿编辑做出相应的罚款。

×××× 公司

××××年×月×日

7.5

员工薪酬福利管理制度

在考虑是否进入一家企业工作时，我们考虑最多的问题几乎就是薪酬问题。我曾经在一家公司面试后，公司表达了想录取我的意向，但我在仔细询问该公司的薪酬后，发现该公司的薪酬制度很不合理，例如员工加班是无偿的，员工的业绩无论好坏，拿到的薪资待遇差不多。于是我断然拒绝了这家公司的 offer，因为薪酬福利制度不合理的公司，不具有吸引力。

7.5.1　员工薪酬福利管理制度的特点

薪酬福利管理制度是企业员工最为关心的制度之一，薪酬福利待遇是否达到员工的期望，薪酬福利管理制度是否合理，在很大程度上决定员工是否选择在该企业工作。

企业员工薪酬福利管理制度具有竞争性、合理性和特殊性三大特点。

|1| 竞争性

薪酬福利管理制度是企业与其他企业竞争人才的重要依据，具有一定的竞争性。

|2| 合理性

薪酬福利管理制度应当合理、合法，制定时须考虑员工的切实情况。

|3| 特殊性

薪酬福利制度应当依据企业所在地的薪资水平、企业经营效益、员工工作时间等具体情况制定，每家企业的薪酬福利管理制度都有所不同。

企业员工薪酬福利管理制度是面向所有员工的，具有普遍约束力。

|1| 员工薪酬福利管理制度的基础写作范式

企业员工薪酬福利管理制度的结构一般包括标题和正文两部分。

（1）标题

企业员工薪酬福利管理制度的标题主要有以下两种写作方式。

① 完全式标题

完全式标题通常由"企业全称 + 员工薪酬福利管理制度"构成，比如，《×× 公司员工薪酬福利管理制度》。

② 省略式标题

员工薪酬福利管理制度制度在公司内部实行时，可以省略公司名称，以"员工薪酬福利管理制度"作为标题。

（2）正文

企业员工薪酬福利管理制度正文的内容一般分为薪酬制度总则、薪酬结构说明、薪酬发放说明、特殊薪资规定和其他规定五部分，如图 7-5 所示。

图 7-5　企业员工薪酬福利管理制度正文的组成部分

① 薪酬制度总则

包括制定该制度的目的、原则、相关说明等。

② 薪酬结构说明

包括薪酬组成部分、薪酬等级、定级标准等内容。

③ 薪酬发放说明

包括薪酬发放时间、发放形式、发放程序等内容。

④ 特殊薪资规定

包括特殊员工的薪资待遇规定说明。

⑤ 其他规定

有关薪资的其他规定。

|2| 员工薪酬福利管理制度的基础格式范本

（1）企业员工薪酬福利管理制度的格式范本

××公司员工薪酬福利管理制度

薪酬制度总则 + 薪酬结构说明 + 薪酬发放说明 + 特殊薪资规定 + 其他规定。

（2）企业员工薪酬福利管理制度的格式说明

企业员工薪酬福利管理制度依据企业自身情况而定，对格式没有特殊要求，薪资待遇等重点部分可用着重符号标记出来。

7.5.3 员工薪酬福利管理制度的写作要点、模板和范例

企业员工薪酬福利管理制度的写作要点、模板和范例如下。

|1| 员工薪酬福利管理制度的写作要点

企业员工薪酬福利管理制度的写作，首先，需要注意内容与企业实际情况要匹配，不能给予无法兑现的承诺，或是低于法律规定的水平的薪资；其次，词句不能有歧义，用词需要仔细斟酌，清晰地将薪酬福利管理制度陈述完整，以免造成不必要的纠纷。

|2| 员工薪酬福利管理制度的写作模板

表 7-5 所示为企业员工薪酬福利管理制度的写作模板。

表7-5 企业员工薪酬福利管理制度的写作模板

标题	××××公司员工薪酬福利管理制度
主送单位	无
正文	为维护员工合法权益，充分发挥薪酬福利的激励作用，×××× ××××，特制定本制度。 一、制定依据 1.………… 2.………… 二、适用范围 1.………… 2.………… 三、定薪原则 1.………… 2.………… 四、薪酬制度 1.………… 2.………… 五、附则 ……
落款	××××公司 ××××年×月×日

│3│员工薪酬福利管理制度的写作范例

××公司员工薪酬福利管理制度

为维护员工的合法权益，充分发挥薪酬福利的激励作用，进一步规范完善公司的薪酬体系，结合公司实际，特制定本制度。

一、制定依据

本制度依据劳动力市场情况、地区行业差异、员工个人能力及贡献大小等综合因素制定。

二、适用范围

本制度适用于公司全体在职员工。

三、定薪原则

按贡献取薪，以能力定薪。公司薪酬制度坚持按劳取酬，根据贡献大小的原则予以发放。

四、薪酬制度

（一）试用期薪酬制度

1. 试用期为 1～3 个月，具体转正时间依个人工作能力及表现而定。试岗期 5 天内被公司认定不合格者或因个人原因离职者，不予支付试用期工资；超过 5 天，按试用期工资正常发放。

2. 试用期只有基本工资，无绩效工资和全勤工资。

3. 试用期结束做转正答辩，待转正答辩通过转为正式员工后，享受转正薪酬制度。

（二）转正薪酬制度

根据公司实际，转正后的员工薪酬总额由基本工资、岗位工资、绩效工资、全勤奖励、工龄工资、加班工资、选题奖励、周报奖励、项目提成、奖金、社保费用共同构成，采取以岗位工资为主体结构的薪酬体系。

五、薪酬构成

根据转正薪酬制度划分，公司薪酬分为固定薪酬和浮动薪酬两大部分。

（一）固定薪酬包括：基本工资、岗位工资、工龄工资、社保费用。

1. 基本工资

此部分工资视工作能力而定。

2. 岗位工资

此部分工资视工作能力而定。

3. 工龄工资

工龄指员工进入公司后连续工作的年限，最高年限为 5 年。工龄从员工转正之日开始计算，满一年后次月开始享受工龄工资，具体标准如下。

工龄	满1年	满2年	满3年	满4年	满5年
工资	100元/月	200元/月	300元/月	400元/月	500元/月

4．社保费用

公司为转正员工办理五险一金（养老保险、医疗保险、工伤保险、失业保险、生育保险、住房公积金），社保根据××市本地社保标准缴纳，企业缴纳企业部分，员工承担个人部分，个人缴纳的保险费用由企业根据人社部门核定的标准从员工工资中代扣代缴。

（二）浮动薪酬包括：绩效工资、全勤奖励、加班工资、选题奖励、周报奖励、优秀员工奖励、项目提成、奖金。

············

六、福利制度

公司正式员工可享受本公司一切福利待遇。

正式员工均参加社会保险，享有各项保险权利。

公司可视情况，不定期举办员工聚餐、郊游等团建活动。

············